城山三郎『官僚たちの夏』の政治学

―官僚制と政治のしくみ―

西川伸一

ロゴス

凡例

（1）本書の七章構成とそのタイトルおよび登場人物名は『官僚たちの夏』に従っている。

（2）『官僚たちの夏』からの引用は新潮文庫版（一九八〇）によった。その引用頁は〈数字〉で示した。

（3）他の書籍からの引用は（筆者 刊行年：数字）で出所と頁数を明らかにした。

（4）引用文にルビや傍点があった場合は省略した。引用文中の〔 〕内の文言は引用者によるものである。また、引用文中の「／」は引用した原文における改行箇所を示す。

（5）漢字は一部の人名・書名を除いて新字体とした。

（6）原則として敬称は省略した。肩書きは当時のものである。

城山三郎『官僚たちの夏』の政治学

—官僚制と政治のしくみ—

目次

プロローグ――『官僚たちの夏』と私

私が勤務する学部には、専門演習という三・四年生が二学年を継続して履修する科目がありま す。要するにゼミナールのことです。ゼミに入った学生たちは、卒業論文を担当教員の指導の下に作成することになります。その入室試験（ゼミ試）は二年次の一一月下旬の土曜日に毎年度実施されます。ゼミ試に合格した新ゼミ生と彼らの先輩となる三年生に対して、私のゼミでは二月初旬にゼミ合宿を行っています。そこで私は、新ゼミ生に春休み中に読んでおいてほしい本のリストを示します。

毎回一〇冊ほどのリストを配布してきました。もう一五年以上続けていますが、毎回必ずリストアップしてきた本が一冊だけあります。それが、城山三郎『官僚たちの夏』です。官僚入門として絶好の小説で、一年生向けの政治学の授業を担当した場合にも欠かさず紹介してきました。

ところが、ほんとうに恥ずかしい限りなのですが、私がこの本を読んだのは、学生時代でも大学院生時代でもありません。なんと、いまの勤務先で専任講師となり、はじめて教壇に立った年でした。いかに不勉強で視野が狭かったかがわかります。新潮文庫となったその本の発行年をみると、一九八〇年とあります。私が大学に入った年です。その頃読んでいればと歯がみしてもはじまりません。

一九九三年五月三一日に、元通産事務次官の佐橋滋が亡くなりました。その死亡記事に「通産官僚を描いたベストセラー小説、城山三郎著『官僚たちの夏』で、主人公風越信吾のモデルになった」と書いてありました（同日付『朝日新聞』夕刊）。この記事を読んで、文庫本を買って読んでみたというわけです。いまその本を開くと、先の死亡記事の切り抜きに加えて、六月一日付『朝日新聞』「天声人語」が挟んでありました。そこには、佐橋の人となりが紹介されていて、彼の次の言葉が引かれています。

「官僚とは何が国のためになるかを常に考えている存在なんだ……そこを考えないやつは、組織への裏切りであり、使命感の放擲で、そんなへなちょこでは困るんだ」

国家への揺るぎない使命感に満ちあふれています。国家を背負うのは自分たちだという「国士型官僚」の典型といえましょう。その仕事ぶりを小説化した『官僚たちの夏』をヒントに、現代日本の官僚制や政治のしくみを学ぶためのいざないの書を書けないものか。こうした「たくらみ」からこの本は生まれました。いま改めて読み直してみると、同書にはそれらに関連するキーワードや人名がちりばめられていることに気づきます。読み飛ばしてしまうのはもったいない。あらすじを追いながら、これらの言葉の意味をおし広げて説明し、『官僚たちの夏』をより深く楽しむ一助となれば、と考えました。

あるいは、前著『オーウェル『動物農場』の政治学』（ロゴス、二〇一〇）の続編とお考えいただいてもけっこうです。はてさて、二匹目のどじょうが釣れますやら。

まったくの偶然ですが、佐橋の『日本への直言』（毎日新聞社、一九七二）を古本で買い求めたところ、佐橋のサイン入りでした（図表・写真1）。黄泉の国から彼が励ましてくれているようです。

図表・写真1：佐橋滋のサイン本

第一章　人事カード

お役所の序列

『官僚たちの夏』は主人公・風越信吾の肩書きの紹介からはじまります。

風越信吾は、悠然と大臣室から出てきた。

もともと怒り肩の肩をつり上げ、両手を開きかげんに振って、外股で歩く。堂々として、大臣室の主のようであった。だが、風越は大臣ではない。次官でもなく、局長でもない。風越の身分は、大臣官房秘書課長。省内最右翼の課長とはいえ、一課長に過ぎない。〈五〉

お役所の序列はどうなっているのでしょうか。大臣がトップであることはいうまでもありません。いまではその下に副大臣がいて、さらに下に大臣政務官がいて、ようやくその下が事務次官となります。たとえば、風越が奉職していた経済産業省（当時は通産省）の場合、二〇一四年九月三日に成立した第二次安倍晋三内閣改造内閣では、これらのポストに次の人びとが就きました。

経済産業大臣　小渕優子（自民・衆・当選五回）一九七三年生
経済産業副大臣　高木陽介（兼）（公明・衆・当選六回）一九五九年生
同　山際大志郎（自民・衆・当選三回）一九六八年生
経済産業大臣政務官　関　芳弘（自民・衆・当選二回）一九六五年生
同　岩井茂樹（兼）（自民・参・当選一回）一九六八年生

経済産業事務次官　立岡恒良（一九八〇年通産省入省）一九五八年生

自民党に限ってみれば、政治家四人が当選回数順にきれいに並んでいます。政治家の序列は当選回数が物を言うのです。これを当選回数主義とよんだりします。これはあまりに形式主義で、適材適所の人事を阻んでいると批判されてきました。ただ、政治家にしてみれば、「落ちればただの人」になってしまう選挙で勝ち続けた回数はなにより誇るべき「数字」なのです。また、政治家としての経験を積み重ねることで、重責を担えるだけの力量を身につけているはずだという予定調和的な了解もあります。

にもかかわらず、その後、小渕大臣が不透明な政治資金問題の責任をとって二〇一四年一〇月二〇日に辞任したことは周知のとおりです。後任には自民党の宮沢洋一参院議員（衆院当選三回・参院当選一回）が就きました。同年一二月の総選挙後もこの陣容は変わらず、高木、山際、関の三人の衆院議員が当選回数を一回ずつ増やしただけでした。

引用文中の「次官」とは事務次官を指しています。戦前は単に「次官」と称していました。戦後まもなく国家行政組織法が制定され、その一部が改正された一九四九年六月一日からは「事務次官」となりました。すなわち、

第一七条の二　各省に事務次官一人を置く。

2　事務次官は、その省の長たる大臣を助け、省務を整理し、各部局及び機関の事務を監督

する。

〔中略〕

附　則

4　他の法令中「次官」とあるのは「事務次官」と、「政務次官」とある場合を除く外何々「次官」とあるのは何々「事務次官」と読み替えるものとする。

「第一七条の二」とは不思議な条文ですが、一部改正で一七条と一八条の間に一条入れなければならなかったため、このような条文数表記になりました。それより、旧一八条を新一九条にしてあとを一条ずつずらして、第一七条の二を新一八条にすればきれいなのに、と思うかもしれません。

厄介なことに、こうしますと当の国家行政組織法の条文数をずらすだけではすまなくなるのです。国家行政組織法を引用しているすべての法律を調べて、その条文数を直さなくてはなりません。膨大な時間がかかります。そればかりか、機械的なつじつま合わせですが法律の修正になりますから、国会で可決させる必要もあります。政令や省令にまで改正の範囲は広がることでしょう。そんなむだな労力をかけるより、多少不格好でも「の二」条で済ませた方が合理的なのです。

国家行政組織法はその後も改正が繰り返され、現行法においては第一八条に「各省には、事務次官一人を置く」と定めています。

くどいようですが、「の二」条と次条の間に一条入れたい場合はどうするか。「の二の二」条とします。租税特別措置法には四一条の二と四一条の三の間に、四一条の二の二があります。この法律には四一条と四二条の間に四一条の二から四一条の二一までの条文が挟まっています。つまり、改正して四一条と四二条の間に「の二」条から「の二一」条までを挿入していきました。その過程でさらに改正が必要となって、「の二」条と「の三」条の間に「の二の二」条を入れたのです。継ぎ足しの改正が頻繁に行われたことがわかります。

「こら待て吉田」とキレた山中貞則

「次官」に話を戻しましょう。なぜ「次」かといえば、もともとは大臣に次ぐ地位だったからです。かつては大臣の下に、政務次官と事務次官という二つのポストが置かれていました。いまでは政務次官は廃止され、大臣と事務次官の間に副大臣と大臣政務官というポストがあります。

これらは二〇〇一年一月の中央省庁再編とともに新設されたポストです。政策の企画・立案に政治主導を担保するために設けられました。確かに、政務次官も与党の政治家が就くポストでしたが、「盲腸」と揶揄されるくらいに形骸化していました。「盲腸」のココロは、あってもなくてもいいからです。衆院議員であれば、当選回数二〜三回でほぼ順送りに就任する箔付けの指定席でした。

ただし、どの省の政務次官を経験するかは政治家のその後のキャリアパスと無関係とはいえません。

たとえば、山中貞則（一九二一―二〇〇四）という自民党の政治家がいました。二〇〇四年に在職のまま死去するまで、衆院議員として実に当選一七回を数えました。党税制調査会の重鎮で、消費税導入などを盛り込んだ税制改革大綱を取りまとめた際にはその会長の任にありました。それ以降も、党税調にあって「インナー」とよばれる長老議員の一人として税制問題に大きな影響力を保ち続けます。一九九九年に大蔵省財務官を最後に退官した榊原英資は、「自民党政権時代は自民党税調が強い力を持ち、税の専門家である山中貞則や大蔵省出身の村山達雄、相澤英之、津島雄二等が大蔵省と連係しながら力を振るっていました」と書いています（榊原二〇一二：五九）。村山は主税局長、相澤は事務次官の経験者です。

山中は一九五八年六月の第二次岸信介内閣で、大蔵政務次官に起用されます。このとき当選三回でした。約一年に及んだ任期の間「税の仕組みや財政を徹底して勉強した」といいます。そして「この時代の勉強は後に自民党税制調査会長として、消費税導入を柱とする税制抜本改革に取り組む基礎になった」（「私の履歴書　山中貞則⑰」一九九七年六月一八日付『日本経済新聞』）。

消費税率は二〇一四年四月から八％に引き上げられました。一九八九年四月に三％からはじまった消費税の導入を決めたキーパーソンこそ、山中だったのです。一九八八年六月一四日午前に開かれた自民党税調の正副会長・部会長合同会議（限定小委員会）で、山中の裁定により消費税率を三％とする税制抜本改革大綱が決められました。大蔵省は、三％では同時に実施される直接税減税の財源を埋め合わせられないと反対しました。しかし、山中は「初めに新税ありき」とねじ伏せたのです（一九八八年六月一四日付『日本経済新聞』夕刊）。

曽根・金指（一九八九：一四七）には、これを取りまとめた山中の得意満面の笑顔を撮った写真が載っています。この一件は「党高政低」の典型とみなされます。税制抜本改革大綱は同日午後の自民党政務調査会審議会、総務会と党内手続きを経て、党議決定されます。追って閣議決定された消費税法案を含む税制改革六法案は、同年一二月二四日に参院本会議で可決、成立し、翌一九八九年四月一日から施行されることになります。私はたまたまその日、東京・新宿の靖国通り沿いの喫茶店で友人とコーヒーを飲んでいました。会計のとき端数を言われて、消費税導入を実感したことを思い出します。

山中の衆院議員初当選は一九五三年四月一九日の総選挙です。同年五月、勇躍初登院した山中は吉田茂首相の一団と廊下ですれ違います。山中は「総理、おはようございます」と威儀を正してあいさつしました。ところが、吉田は無視して通り過ぎようとしたのです。それにカッときた山中は吉田に対して「こら待て吉田。何だその態度は」と食ってかかりました（「私の履歴書　山中貞則⑪」一九九七年六月一一日付『日本経済新聞』）。当時、山中は弱冠三一歳。一方の吉田は七四歳でした。天下の大宰相の非礼を物怖じせずたしなめる一年生議員山中の度胸は、痛快というほかありません。政界にこんな豪傑はもう絶滅してしまったのでしょうか。

政務三役会議の設置と廃止

閑話休題。前述のとおり、政務次官というポストは二〇〇一年一月の中央省庁再編とともに廃止され、副大臣と大臣政務官に生まれ変わりました。その後、二〇〇九年九月に政治主導を金看板とする民主党が政権の座に就き、これらは大臣と合わせて政務三役とよばれます。民主党政権は政務三役会議を設置し、これは「各府省の最高意思決定機関」と位置づけられました。

二〇一二年一二月に自民党が政権に復帰すると、政務三役会議は廃止されます。それは二〇一三年一月二八日付で民主党の長妻昭衆院議員が提出した質問主意書「生活保護、年金記録問題等に関する質問主意書」に対する、同年二月五日付の政府答弁書で明らかになりました。長妻は「安倍内閣では、政務三役会議〔中略〕は、廃止となったのか否か」などと質しました。政府答弁書は、「お尋ねの「政務三役会議」の意味するところが必ずしも明らかではないが、安倍内閣においては、各府省における政策の立案、調整及び意思決定をどのように行うかについては、各大臣の判断でそれぞれ適切に対応することとしている」と応じています。

政務三役による合議ではなく、大臣が判断するというわけです。政務三役という言い方自体、民主党の「手垢」のついたものと政権側に受け止められたのでしょう。政権側が政務三役という言葉を用いることもなくなりました。

いずれにしても、事務次官が一般職公務員が府省内でたどり着く最高位であることに変わりはありません。国家公務員には特別職と一般職があり、特別職公務員は国家公務員法第二条第三項に二四号にわたって列挙されています。順に示せば、内閣総理大臣、国務大臣、人事官及び検査官、内閣法制局長官、内閣官房副長官などです。ここに掲げられている職以外に就く国家公務員はすべて一般職公務員となります。簡単にいえば、国家公務員採用試験に合格し採用される公務員のことです。

官房三課長

さて、風越のポストは大臣官房秘書課長です。これは何をするポストなのでしょうか。

通産省には、外局をふくめ、二百以上の課長職があるが、その中でも、将来の次官コースと目される最高の椅子が、官房三課長、つまり、大臣官房秘書課長・同総務課長・同会計課長の三つのポストである。〈中略〉官房総務課長には「所管行政に関する総合調整」「所管行政に関する企画」などというマネジメントの中枢的な業務があり、官房会計課長は、省全体の予算の作成という重要任務がある。そして、官房秘書課長の所管事務は〈中略〉いわゆる

秘書的な業務よりも、中心の仕事は人事であり、風越の生きがいもそこにあった。〈八〉

官房とはドイツ語のKammerに由来します。独和辞典でこの単語を引くと「小部屋」などという訳語が出ています。絶対君主制下のドイツでは、君主の側近の官僚が国家の行政、財政、外交など重要な事務をKammerで執務していました。これが「官房」と訳されて、一八八六年二月の各省官制で大臣官房の設置とその所掌事務（主な仕事）が定められました。戦後は国家行政組織法で各省に大臣官房の設置が定められ、所掌事務の範囲は各省設置法の規定に委ねられました。

官制とは行政機関の組織や所掌事務を定めた規定のことです。明治憲法下においては勅令、つまり主権者である天皇の命令で定められていました。法制局の審査があるだけで、帝国議会の「協賛」は不要だったのです。日本国憲法下では上述の国家行政組織法や各府省の設置法などの法律で規定されることに改まりました。当然、その制定や改正には内閣法制局の審査のみならず、国会での議決が必要となります。主権者である国民の代表者が決めるのです。

大臣官房の主な仕事は各省ごとに違いはあるのですが、一言でいえば、大臣に直属して省の舵取り役を担っている部局ということになります。

言い換えれば、大臣官房に省内の重要な意思決定情報が集中することになります。それをさばくために、いわゆる官房三課が置かれています。省によってよび方は異なりますが、総務課ないし文書課、人事課ないし秘書課、および会計課の三課です。上記引用文のように、通産省の場合は秘書課、総務課、会計課の呼称を用いていました。

秘書課（人事課）は人事を、総務課（文書課）はマネジメントを、そして会計課は予算を中心的な業務とします。いずれも各省のヒト、モノ、カネにかかわる組織運営上必須の仕事です。それぞれの課長を総称して官房三課長といいます。三ポストとも省の舵取りに耐えうる将来有望な人材が充てられます。風越もそうですが、事務次官コースを歩む者も多いです。

「調整」と「総合調整」

引用文中に「総合調整」という言葉があります。これはお役所特有の言い回しでしょう。「総合調整」以前の段階が「調整」です。

組織の規模が拡大すればするほど、各組織の間で権限争いや対立が生じやすくなります。対立する組織間の折衝により、これが解決される段階は「調整」です。大学でたとえますと、某大学のある学部（仮にK学部）が定員を五〇名増やしたいと考えているとします。逆に、別のある学部（仮にS学部）は定員を三〇名減らしたいという希望をもっています。そこで、K学部長とS学部長が交渉してそれぞれ四〇名の増減で折り合い、両学部教授会を説得できたとすれば、これは「調整」です。

しかし、双方が譲らず決着をみないとなれば、二つの学部を超えた「総合的視野」に基づく調整が必要になります。いわば「調整の調整」です。これを「総合調整」といいます。大学ならば「全学的視野」に立って学長のリーダーシップの下、決着が図られることになります。

ところで、官房三課長の上司である官房の長が官房長です。まぎらわしいのですが、内閣官房長官というポストもあります。内閣を補佐する機関として内閣官房が置かれ、内閣官房長官がその事務を統轄します。「総理の女房役」とも「内閣の大番頭」ともよばれ、その重責から国務大臣がこれに充てられます。中曽根康弘首相の下で内閣官房長官を約三年間務めた後藤田正晴は、その職務について次のように述べています。

「総理大臣を補佐するのが官房長官だ。法律上の職務権限は総理大臣同様やはり小さくて、総理府の事務を除けば内閣の統一性を保つための総合調整だけである。各省庁にまたがるような事柄を調整したり、各大臣が分担している権限がぶつかって話がまとまらない、といった場合の調整役である。〔中略〕その結果、官房長官の仕事はまったく相手次第ということにもなってくる。／しかし、相手次第ということは、官房長官と関係国務大臣の間の力関係次第ということでもある。そして、それはその人自身の政治的な力量、キャラクターなどといったものの勝負である」（後藤田一九八九：三―四）。

後藤田も「総合調整」という言葉を使っています。各大臣間の「調整」に委ねていてはらちがあかない懸案が持ち上がったとき、官房長官が「内閣の一体性」の見地から「総合調整」に乗り出すのです。その成否は後藤田によれば、官房長官自身の「政治的な力量、キャラクターなど」にかかっているというわけです。

内閣官房が「総合調整」を担当する役所であることは、内閣官房の所掌事務を定めた内閣法第一二条第二項第二号に「内閣の重要政策に関する基本的な方針に関する企画及び立案並びに総合調整に関する事務」として、明記されています。

菊池正史著『官房長官を見れば政権の実力がわかる』と題した本が二〇一三年に出版されました。私もまったくそのタイトルのとおりだと思います。安倍首相は二〇一四年九月の内閣改造と同年一二月の第三次安倍内閣組閣にあたって、菅義偉官房長官を留任させました。外遊の多い安倍首相は、まさに内閣の大番頭として菅長官に全幅の信頼を置いているのでしょう。一方、鳩山由紀夫内閣は普天間基地移設問題の迷走もあって八か月あまりで自滅しました。政権運営にあたっては、平野博文官房長官の総合調整能力にかなり問題があったと私は考えています。

一例を挙げれば、現在、中国の国家主席である習近平が副主席時代の二〇〇九年一二月に来日した際、天皇と会見しました。宮内庁ではスケジュール調整や準備のため、外国要人が天皇との会見を希望する場合は一か月前までに文書で申請することをルールとしてきました。ところが、中国側の都合で習の訪日日程が正式に通告されたのは、その一か月前を切っていた一一月二三日でした。それでも、中国側は習の天皇会見に固執し、一二月一五日にそれを実現させました。宮内庁の「一か月ルール」に明らかに反しています。当初、宮内庁はこうした特例を認めることに強く反対しました。

中国側と宮内庁の間に立って、「総合調整」に事実上動いたのは小沢一郎民主党幹事長でした。もちろん小沢には政府の肩書きはありません。「総合調整」を担当する正当な権限はないのです。本来であれば、平野官房長官が引き受けるべき仕事です。特例会見を強引にセットした張本人として、小沢は叩かれます。それに対して、小沢は「俺は一カ月ルールがあるから、前からちゃんとやっておくように言ってたんだ。なのに平野は、何の調整もしてなかった。それも俺の責任になるのか！」と平野を強く責めました（西川 二〇一〇：二―五）。小沢にやや同情したくなります。もっとも、平野官房長官にも事情がありました。彼は前出の普天間問題で忙殺され、他の案件には十分目配りができなかったのです。この点を割り引いて評価すべきでしょう。

「国会待機」という「お荷物」

風越の至福のひとときは省内人事を構想する時間でした。省内のめぼしい職員の氏名を記した「人事カード」をつくり、省の組織図にそのカードを並べては崩して、理想の人事配置に思いを巡らせていました。風越がカード配りに熱中していると、秘書課の隣の会議室から活発な議論の声が聞こえてきます。

暑いだけでなく、熱い夏が、また、やってきた。はげしい議論の声は、蝉しぐれに代る通産省の夏の風物でもあった。お荷物である国会から解放され、一方、新政策の編成期を秋に控えたその季節は、官僚たちが新政策づくりに燃え上る最も熱っぽい季節である。〈中略〉省内これ熱気の渦といってよく、その渦の中心となるのが、法令審査委員会である。〈一〇〉

国会が官僚たちにとって「お荷物」であるとはどういうことなのでしょう。日本国憲法第五二条に基づき、通常国会が必ず毎年一回召集されます。会期は一五〇日間です。現在は一月下旬に召集され、六月二〇日前後に会期末を迎えます。風越が現役の頃は一二月下旬に召集され、年末年始の自然休会をはさんで、一月末に再開されていました。通常国会の場合、一回に限って会期の延長が可能ですが、いずれにせよ「蝉しぐれ」の頃には閉会となります。

いやしくも「国権の最高機関」（憲法第四一条）である国会が、なぜ官僚たちにとって「お荷物」なのでしょうか。その最大の理由は「国会待機」にあります。

国会開会中は予算委員会を花形として、衆参両院で各種の委員会が開かれます。委員会質疑にあたっては、質疑に立つ予定の議員が質問内容を関係府省に事前通告する慣例があります。こうなると国会論戦がネタバレになると強く批判されてもいます。とはいえ、正確な数字を尋ねたり、技術的・専門的な質問の場合、事務方に事前の準備をさせないと担当大臣などは満足な答弁ができず、議論が深まりません。メリットに目を向けて割り切ることです。

たとえば、第五章で取り上げますが、いわゆる機密費（内閣官房報償費）の支出額について、官房長官にいきなり質しても正確な数字は出てくるはずはありません。

問題は議員、とりわけ野党議員が前日の深夜まで質問通告をしないことです。該当する委員会を担当する府省では、質問がどの部署に当たるかわからないため省内全員に待機指示が出されます。これを「国会待機」といいます。一九九九年に死去した元厚生官僚の宮本政於によると、ひたすら待たされる省内は次のような光景だったそうです。

「中央官庁では「国会待機」への対応として、午後六時を過ぎると課の応接室が一転して居酒屋となる。みんな「早く待機が解除にならないか」と期待しながら、ビールを飲みつつ上司のグチを左の耳から右へと流し、たいしておもしろくもないテレビを見、のびきったラーメンをすすって時間をつぶす」（宮本 一九九三：二〇）。

「もうやめてくれよ。俺だって早く帰りたいんだから」

旧労働官僚からノンフィクション作家に転じた西村健も、「国会待機」に振り回された現役時代をこう振り返っています。

「明日の委員会で与野党議員により発される質問内容は、すべてその前夜までに各省庁に伝えられてくる。すべての質問内容が判明して初めて答弁作成作業に入るわけだが、とくに野党議員においてはその通告が遅い場合が多く、時に深夜にいたることも珍しくないため、どうしても徹夜含みの超過勤務になってしまうというわけ。〔中略〕さんざん待たされたあげく、結局自分の部署に関する質問は出なかった……というのもよくあること。しかし「待たされて損した」と思う者などいない。出なかっただけでありがたいと思わなければ。出ればそれこそ、そこから〝徹夜の作業〟が待っているのだから」（西村二〇〇二：二二四―二二五）。

「また質問？　もうやめてくれよ。俺だって早く帰りたいんだから、さっさとこの仕事終わらせてよ……」（同二五六）。

宮本や西村が経験したのは、まだ政府委員制度があった時代でした。各省庁の官僚が政府委員として関係する委員会に出席でき、質疑に対して大臣に代わって直接答弁できたのです。ところが、一九九九年七月に国会審議活性化法が成立したことにより、同年一〇月召集の臨時国会から政府委員制度が廃止されました。答弁は基本的に大臣と政務次官が担い、官僚が答弁できるのは技術的・専門的な分野に限られることになりました。

そのため、官僚たちが大臣らに答弁内容につき十分説明する時間が必要になります。そこで、与野党の国会対策委員長の間で、質問内容は原則として質疑日の二日前の正午までに政府に通告するというルールが合意されました。

残念ながら、このルールは実際にはほとんど守られることなく、今日に至っています。二〇一四年二月九日付『日本経済新聞』は、「通告が前日深夜のケースもあり、帰宅できずに徹夜で作業することも少なくない」とこぼす「ある経済官庁の課長級職員」の発言を紹介しています。同年六月六日付『読売新聞』は、女性官僚六人が「質問通告が前日の夕方になると、（答弁書作りで）帰りは明け方近く。仕事と子育ての両立に障害となっている」事態を、国会内で自民党議員らに直訴した件を報じました。

その記事の中で、厚生労働省の河村のり子雇用均等政策課課長補佐は「今や霞が関で働く20代前半の３割が女性官僚。夕方以降に答弁書作りを始めるやり方は組織として持続可能ではない」と難じています。のちに述べる「無定量・無際限」と言われた官僚の働き方は、家事・育児の一切を専業主婦に丸投げできた時代の悪しき遺物なのです。

私のゼミの卒業生にも、とある府省に勤務するＯＢがいます。先日会ったとき、彼は某野党の有力議員について、その質問通告が深夜になることばかりか、通告内容が漠然としていることを強く批判していました。これでは多くの官僚が答弁書作成に縛られます。国会開会中、彼は深夜に一万円以上かけてタクシーで帰る日々だそうです。「国会なんていらない」と彼は怒りを込めて言いました。暴言と片付けることはできないでしょう。

もちろん、与野党の対立で国会の審議日程がぎりぎりまで確定しないという議員側の事情もあります。しかし、官僚たちが国会を「お荷物」だといまだに感じている実情を肝に銘じて、できる限りルールに従った質問通告を心がけるべきでしょう。それが、官僚たちの中でのそのセンセイの株を上げることにもなるのです。野党議員がわざと通告を遅らせ官僚に意地悪をして、溜飲を下げているとしたら、あまりに情けないことです。

法令審査委員会

「お荷物」である通常国会が終わると、七月には人事異動が発令され、事務次官など各府省の幹部の顔ぶれが大きく変わります。新体制の下、各府省は翌年度予算の要求額の見積もりに関する書類を内閣に八月三一日までに送付しなければなりません（予算決算及び会計令第八条）。この書類提出を概算要求といいます。その後、各府省の概算要求に依拠して、財務省で予算編成作業が進められていきます。

ですから、概算要求提出の締切りまでに、各府省は「タマ出し」とよばれる政策提案をまとめなければなりません。

通産省では、大臣官房に設置された法令審査委員会がその点で最も重要な役割を果たしていました。一九五七年に改正された通商産業省設置法施行規則（昭和三十二年通商産業省令第三十四号）には、次のように定められていました。

第一条　大臣官房に法令審査委員を置く。

2　法令審査委員は、法令の審査をつかさどる。

実際には、法令審査委員会の仕事は法令の審査に狭く限定されていたわけではありません。「通産省にとっての重要な政策課題のほとんどすべてについて、全省的観点から、まず最初に議論する機関」でした。法令審査委員会は、入省一五年目前後の三〇代後半のキャリア官僚たち約二〇人が居並ぶ会議でした。「はげしい議論」が可能だったのは、入省年次が同じか一年次しか違わないほぼ同期生の間から委員が選ばれたためです。入省年次序列が絶対の霞が関にあって、だれに気兼ねすることもなく自由にものが言える配慮が施されていました。

小説の中で委員会の議論をリードしている庭野は、昭和一七（一九四二）年入省の三七歳という設定です。風越は庭野を大いに買っていました。隣の会議室から聞こえてくる庭野のしわがれた声を、風越は憎からず聞いていています。

改革派官僚として公務員制度改革を強く主張し、二〇一一年に経産省を依願退官した古賀茂明も、法令審査委員を務めたことがありました。彼は自著（二〇一三）の中で、法令審査委員会の構成と役割について言及しています。それによれば、省内の各局にはそれぞれ課があり、課ごとに三人から五人の課長補佐がいます。局全体を合わせれば数十人の課長補佐がいることになります。彼ら局単位の課長補佐のトップを筆頭課長補佐といい、筆頭課長補佐は法令審査委員を兼務します。古賀は一九九二年に基礎産業局総務課に異動し、同局の筆頭課長補佐になり、法令審査委員を兼ねました。

ただし、上述の官房三課だけは別格で、秘書課、総務課、会計課それぞれ課単位で筆頭課長補佐が置かれ、これが法令審査委員にも就いていました。この三人は将来の次官候補と目されました。

「通産省では、法改正も含め、重要な政策の決定時にはある一つの局の仕事であっても全省的に議論していました。そのための場として設けられていたのが週2回開かれる「法令審査委員会」で、全局の筆頭課長補佐が一堂に会して話し合っていたわけです」（古賀二〇一三：一二二）。

法令審査委員会の役割はこうした政策の決定に加えて、人事にまで及んでいました。「課長補佐以下の人事を各局の法令審査委員（筆頭課長補佐）と秘書課の法令審査委員が協議して決定するならわしになっていて、局長や課長でも口出しできませんでした」（同一二三―一二四）。

法令審査委員制度は、二〇〇一年一月の中央省庁再編で通産省が経済産業省に衣替えするときに廃止されました。「議論に時間がかかり、時代に合わなくなった」「今は政策決定にスピードと高い専門性が求められる時代。責任体制もあいまいになる」との声が大きくなったためだと報じられました（二〇〇〇年三月三日付『朝日新聞』）。

法令審査委員会の激論を壁越しに耳にしているうちに、風越は昭和一五（一九四〇）年入省の牧順三のことを思い出します。かつては法令審査委員会の主役でしたが、いまは結核を患い通産省の外局の特許庁商標課長に転出していました。胸騒ぎがして、風越は一〇〇メートルくらい先にある特許庁を急に訪ねる気になります。

牧順三の「大きな賭け」

牧はパリ赴任を希望していました。特許庁に出ただけですでに出世コースからはずれてしまったのに、この上海外勤務となれば本省から完全に忘れ去られてしまいます。風越は牧が自暴自棄になっているのかと疑い、「ヤケを起すな」とたしなめます。牧はそれを言下に否定し、パリ行きの理由を説明します。

フランスは、もともとエリート官僚の国。その官僚の指導によって、経済は官民協調の混合経済といった形をとっている。巨大外資にイギリスが屈服したのに対し、フランスはその官民協調による防波堤によって、抵抗し善戦している。自由化の嵐に向う日本にとって、その点、今後最も教えられることの多い経済体制だと思う――。〈二二一二二三〉

フランスには大学をはるかにしのぐ社会的権威をもつ高等教育機関が多数存在し、それらは「グラン・ゼコール」と総称されます。フランスでは後期中等教育の修了を証明するバカロレアとよばれる試験があります。これに合格すると、大学入学資格が与えられます。このバカロレア合格者のうちできわめて優秀な成績をとった者には、一般の大学とは異なりエリート教育に特化したグ

図表・写真2：グラン・ゼコール出身のフランス大統領・首相経験者

	氏名（生没年）	出身グラン・ゼコール	大統領・首相経歴
1	ジョルジュ・ポンピドゥー（1911-1974）	エコール・ノルマル・シュペリュール	首相（1962-1968） 大統領（1969-1974）
2	ヴァレリー・ジスカール・デスタン（1926- ）	エコール・ポリテクニック	大統領（1974-1981）
3	エドゥアール・バラデュール（1929- ）	パリ政治学院 ENA	首相（1993-1995）
4	ジャック・シラク（1932- ）	ENA	首相（1986-1988） 大統領（1995-2007）
5	リオネル・ジョスパン（1937- ）	パリ政治学院 ENA	首相（1997-2002）
6	アラン・ジュペ（1945- ）	エコール・ノルマル・シュペリュール パリ政治学院 ENA	首相（1995-1997）
7	ローラン・ファビウス（1946- ）	エコール・ノルマル・シュペリュール パリ政治学院 ENA	首相（1984-1986）
8	ドミニク・ドビルパン（1953- ）	パリ政治学院 ENA	首相（2005-2007）
9	フランソワ・オランド（1954-）	パリ政治学院 経営大学院 ENA	大統領（2012- ）

筆者作成。

ラン・ゼコールに進学する途が開かれます。グラン・ゼコールの総数は約三〇〇校で、学んでいる学生は全国で一二万四〇〇〇人ほどです。フランス本土での大学生総数は約一三一万七〇〇〇人ですから、グラン・ゼコールの学生はその一〇分の一以下です。

グラン・ゼコールの起源はフランス革命にさかのぼります。ブルボン王朝を打倒した共和国政府は、革命直後の混乱による科学者や技術者の払底に悩まされます。これを解決するため、共和国政府は一七九四年三月に科学技術のエキスパート養成学校として、二校のグラン・ゼコールを設立します。それが、エコール・ポリテクニックとエコール・ノルマン・シュペリユールです。

日本でいちばん知られているグラン・ゼコールは、高級官僚養成のためにつくられた国立行政学院（ENA）でしょう。一九四五年設立ですからグラン・ゼコールとしては「新参者」にすぎません。しかし、前頁図表・写真2で示したグラン・ゼコール出身のフランス大統領・首相経験者のリストをみれば、いかにENAがフランスを「エリート官僚の国」たらしめている中心的存在かがわかります。ENA卒業後、高級官僚を経て政界入りし、頂点をきわめるのがエリートコースなのです。その卒業生は「エナルク」とよばれます。

ヨーロッパ連合（EU）の中央銀行である欧州中央銀行の前総裁のジャンクロード・トリシエも、ENAの出身です。

トリシエはパリ大学で経済学を修め、一年半の兵役に就いた後、一九六九年一月に、二六歳でENAに合格しました。合格者九九人中の席次は八番だったそうです。試験は「高度な難問」で、とりわけ小論文は「驚異的で、18世紀の啓蒙思想家になったように哲学、文学、社会学を絡めた論述を求めた」。一方、口述試験は「6、7人の面接官が矢のような質問で知的な答えを試す」。入学後も「ほぼ毎週に試験があり、学内の順位を知る。定期試験では通常、3時間で8ページの小論文を書く」。志望する省庁に入れるかどうかは、卒業時に何番であるかにかかっていました。トリシエは五番でしたので「希望はなんでもかなった。そこで財務省の財務監督局を選んだ」(トリシエ「私の履歴書⑨」二〇一四年九月九日付『日本経済新聞』)。

こうした「エリート官僚の国」フランスに学びにいく――牧が私心を捨て日本経済の将来を考えて「大きな賭け」に出ようとしていることに、風越はいたく感激します。勢い、牧にパリ行きを約束して握手を求めます。ただ、牧の反応は意外にも冷ややかなものでした。

片山泰介の「言い訳」

牧に会って通産省本省に戻る途中、風越は各省庁の共済組合所有のテニスコートで、土曜日の正午前、つまりまだ勤務時間中にもかかわらず職員たちがテニスをしている場面に遭遇します。当時は週休二日制ではなく、土曜日も半ドンといって午前中は仕事がありました。そのプレーヤーの中に、風越は通産キャリアの片山泰介の姿をみつけて、思わず声が出てしまいます。いま法令審査委員会で政策を熱く論じている庭野と片山は同期生です。

「おうっ、おまえは……」〈中略〉

「通商局の片山泰介でございます」

〈中略〉

「忙しくはないのか」

片山は、それには答えず、

「体を鍛えておかなくちゃいかんと思いまして。若者よ、体を鍛えておけ、と」

てれかくしのように、歌の文句を冗談めかしてつけ加えた。〈二五―二六〉

ここで片山が颪越に対してテニスに興じる「言い訳」として持ち出している「若者よ、体を鍛えておけ」は、当時学生運動にかかわっていた学生たちが盛んに歌っていた「若者よ」の一節です。彼らを題材にした大島渚の映画『日本の夜と霧』(一九六〇)にも、「若者よ」が歌われるシーンがあります。

作詞者のぬやま・ひろし(本名・西沢隆二)は、戦前からの日本共産党の活動家でした。戦前には治安維持法の下、共産党は合法的に活動することは許されませんでした。党員とわかれば逮捕されます。ぬやまも「一九三四年の一月二十八日か二十九日に逮捕されました」(ぬやま 一九六二:五)。そして、一九四五年一〇月四日に連合国最高司令官総司令部(GHQ)が日本政府に命じた政治犯の即時釈放などを含む「人権指令」により釈放されるまで、一一年と八か月余り非転向を貫き獄中にあったのです。そのうち判決が確定するまでの未決監で過ごした九年間に作り続けた詩が、一九四六年に『詩集編笠』として出版されます。「若者よ」（原題は「若者に」）はそこに収められています。全文を掲げましょう。

若者よ、からだを鍛えておけ
美しいこゝろが逞しいからだに
からくもさゝへられる日がいつかは来る
その日のために、若者よ
からだを鍛えておけ　（ぬやま 一九四六：一〇二）

『詩集編笠』には、のちに共産党委員長となる宮本顕治が「「編笠」に寄す」と題した解説を付けています。宮本は「ぬやま・ひろし」というペンネームの由来を、「彼が監房で「野山は広し」と想ひつゞけたことから付けた」（同二〇二）と紹介しています。

ところで、詩中の「その日」とは何を意味しているのでしょうか。宮本は「解放される日への確信から、「若者よからだをきたへておけ」とうたった」（同）と書いています。つまり、「その日」とは来たるべき日本革命の日を意味していたのです。もちろん、通産官僚の片山にはそれを知る由もなかったでしょうが。

ちなみに、「編笠」とは房から出るとき顔を隠すために被ることになっていた笠のことです。『詩集編笠』には文字どおり「編笠」と題された詩が収録されています。

風呂に行くにも編笠、運動に出るにも編笠
秋も編笠、春も編笠

廊下で仲間に行きあつても
編笠がふたりの中をへだて、しまふ、憎い編笠（同二一）

ぬやまより少し前に逮捕された宮本は、一時期ぬやまと同じ巣鴨拘置所に収監されます。「たまに行き合ふときがあると、私は編笠の下に、彼の浩然とした笑顔をみることができた」（同二〇〇）と宮本は回想しています。

宮本も獄中一二年を非転向で貫きました。この場合、転向とは共産主義者が当局による拷問を含む厳しい取り調べに屈して、その思想を放棄する事態を指します。一九三三年六月には獄中にあった共産党中央委員の佐野学と鍋山貞親が転向声明を出して、大きな衝撃をもって迎えられました。その翌年に獄中に入ったぬやまに、看守が「佐野も三田村（四郎）も転向したんだぞ！　それに、こんどは水野成夫も転向したんだ。親玉がみんなおじぎしているのに、一兵卒のお前なんぞが、いくらがんばったって、なんになるんだ！」（ぬやま　一九六三：六）とよく言われたそうです。

実際には、水野成夫が転向を表明する上申書を記したのは一九二九年五月でした。戦後、水野は左翼とは対極的なフジサンケイグループを創設します。また、転向には当たりませんが、読売新聞グループ本社会長の渡邉恒雄も東大在学中に共産党員だった経験があります。「私は、共産党に入党したことを後悔していないし、除名されたのも当然だと思っている。むしろ、この「共産党体験」はきわめて有用だったと思っている。〔中略〕日本共産党は、その後、内部闘争と粛清を繰り返し、その運動形態も改良されたが、先の総選挙で泡沫政党となってしまった。ＯＢの一人として残念に思っている」（渡邉 二〇〇五：四八―四九）と余裕綽々に書いています。

「トコロテン人事は、ぶっこわす」

片山とのやりとりのあと秘書課に戻った風越を、二人の学生が待っていました。彼らは来年度、通産省に入省予定でした。風越は彼らを昼食に連れ出し、人柄を見極めようとします。その道すがら、ちょっとした事件に遭遇して、話の流れは風越の人事改革論の開陳に至ります。

「おれは、きみたちにも、宣言しておく。おれの力で、通産省の人事を一新して見せる。いまの人間の適正再配置だけじゃない。機構もシステムも、根底から洗い直す。たとえばの話、入省年次順に昇進するなどというトコロテン人事は、ぶっこわす。昇級試験を設けて、ノン・キャリ組も、どんどん抜擢する。それに、きみらの期には、キャリアにも女性を採用

するつもりだ」〈三三〉

政治家にとって当選回数主義があるのに対して、役人の世界には入省年次序列があります。どの府省でもそこに勤務する公務員は全員が事務次官の部下になりますから、入省年次は事務次官よりあとでなければなりません。この掟が各局、各課に至るまで貫徹されているのです。ある局の局長の入省年次よりその部下の入省年次はあとになります。

風越のモデルである佐橋自身も、こう述べています。「こういう例は次官だけに限らない。官庁のすべてがこの制度のもとに動いているのである。昭和十五年大学卒の局長は、絶対に昭和十四年卒の局次長を使うことはない。十五年卒の局長が使うのは、十六年以下のものに限られている。そこには、能力の観念はゼロなのである」（佐橋　一九七二：一四〇）。

また、よく知られているように、国家公務員にはキャリア組とノンキャリ組とよばれる二つのグループがあります。単純化していえば、国家公務員採用総合職試験で入省した人がキャリア組、それ以外の一般職試験などで入省した人がノンキャリ組です。両者で出世のスピードはまるで異なり、キャリアであれば四〇歳過ぎにはほぼ全員が課長に到達します。一方、ノンキャリアではたとえ定年まで務めても課長クラスになる人はごく少数です。

どの試験で入ったかで将来が決まってしまう入り口選抜方式が貫徹されているのです。いくら優秀だからといって、ノンキャリアからキャリアに移ることはできず、逆にどんなに仕事ができなくもキャリアであれば課長まではたどりつけるのです。風越はこれを「トコロテン」と評して、これを「ぶっこわす」ための試験制度を導入しようというのです。

もちろん、入り口選抜方式にもメリットはあります。キャリアのプライドが、ばかばかしい「国会待機」をはじめ長時間労働にも耐えさせるのでしょう。課長に必ずなれるのですが、課長にも格付けがありますからうかうかしていられません。その後はポスト数が徐々に少なくなるため、「イス取りゲーム」にあぶれないよう懸命に仕事に励むことになります。小説にもこう書かれています。「ここは、半ドンさえない世界である。とくにキャリアにとって。事務レベルのいわば手足となって働く人々は帰っても、心臓に当る部分は動き続けている」〈四〇〉。

とはいえ、たった一度の試験で国家公務員としての資質を見分けられるものなのでしょうか。佐橋はその点を秘書課長時代に「実証研究」しています。

「役所の書類の中では人事採用関係の書類は永久保存ということになっている。僕はほこりだらけの古くからの書類をとり出して役人と大学の成績、高等文官試験の成績というものとの関係を調べてみた。〔中略〕大学の成績あるいは高等文官試験というようなものと、官吏として有能であるかどうかということは関係がないという簡単な事実を発見した」（佐橋 一九六七：一六五―一六六）。

ちなみに、高等文官試験（公式には文官高等試験）とは、いまでいう国家公務員採用総合職試験です。

さて、だれでも性別を選んで生まれることはできません。社会学によれば、生まれによる属性で社会的機会が決まるのが前近代社会、教育などの達成の属性で決まるのが近代社会です。女性もキャリアに採用するとの風越の決断は、この点で日本社会を近代化させる大きな一歩を記したはずでした。ところが、それから半世紀以上経っても、日本は社会学的意味での近代社会になっていないようです。

ジェンダー・ギャップ指数一〇四位

風越は女性のキャリア採用に踏み切ります。実際に、通産省が女性をキャリアで採用するのは一九六二年で、佐橋が企業局長のときでした。ですから、本来であればその人事に関与できないはずなのですが、「僕が秘書課長室前の廊下をウロチョロするので、官側は僕をかわいそうに思って特別に試験委員に発令してくれた」(同一七一—一七二)とのことです。省としてはじめての女性キャリア採用なので、当時の通産大臣・佐藤栄作にも了解を求めました。

女性がいまでいう国家公務員採用総合職試験(当時は国家上級試験)に合格し官途につくのは一九五〇年からのことです。その第一号は同年に労働省に採用された森山真弓元法務大臣です。一九五一年に一人、一九五三年に二人がやはり労働省に採用され、その後労働省は毎年一人か二人の女性キャリアを採用していきます。その積み重ねの結果、一九九七年に初の女性事務次官として、松原亘子労働事務次官が誕生します。また、労働省婦人少年局長で退官した高橋久子は、一九九四年に初の女性最高裁判事に任命されました。

ところで、すでに二〇〇三年六月に内閣府の男女共同参画推進本部は、「社会のあらゆる分野において、2020年までに、指導的地位に女性が占める割合が、少なくとも30％程度になるよう期待する」と決定しています。近年のその象徴的人事が、二〇一三年七月に村木厚子厚生労働省社会・援護局長を厚生労働事務次官に抜擢した人事でしょう。上記の松原に次いで史上二人目です。第二次安倍内閣改造内閣は、五人の女性閣僚を擁して発足しました（その後、上述のとおり小渕大臣の辞任により四人に。第三次安倍内閣でも四人）。

二〇一四年一〇月二八日に、世界経済フォーラムは世界一四二か国における男女格差（ジェンダー・ギャップ）の少なさを指数化して求めたランキングを公表しました。日本は一〇四位で前年から一位順位を上げたにすぎませんでした。順位の低さも大問題ですが、妻がフルタイムで勤務していても、夫の七人に一人は家事をまったく担わないといいますから、驚くほかありません（二〇一四年八月九日付『朝日新聞』）。

大臣や事務次官に女性を配しても、一般家庭がこの状況ではお寒い限りです。後述する「家庭内の伝統的性別役割分業」が、働く女性に仕事と家庭の役割の二重負担を強いていることになります。ただ、こうした古くさい意識にとらわれている夫ばかりとも思えません。彼らが長時間労働によって、家事・育児に協力する時間がとれないことも憂慮すべきでしょう。ジェンダー・ギャップ指数を引き上げるには労働時間の短縮が絶対の前提です。

ここで、学生二人と昼食をとる風越に戻ります。その学生の一人から風越は、牧順三がお茶の水の外国語学校でフランス語を習っているという情報を得ます。その日の夕方、法令審査委員会を終えた庭野を誘って風越はその学校を訪ねます。案の定、そこにはフランス語を熱心に学ぶ牧の姿がありました。風越は牧の本気度に打たれます。反面、庭野はとうに抜き去ったと思っていたライバルが着々と復活の布石を打っていることを知り、心穏やかならざるものを感じたのでした。

第二章　大臣秘書官

「行政指導だけで業界をひっぱって行く」

風越は牧を、約束どおりパリの日本大使館付通商担当書記官に栄転させます。テニスの片山もカナダに送り出します。こちらは「左遷」含みでしたが、それでくさるかどうか片山の器量をみようというわけです。一方で、学生たちに「公約」した人事改革論を実行していきます。

十九人を選抜採用することにしたが、男性ばかりでなく、経済官庁としてははじめて、特権官僚として、東大出身の二人の女性をも採用した。〈中略〉風越は〈中略〉こういう幅のある女なら、十分、行政指導に耐え得る人材になると思った。〈中略〉風越は、ノン・キャリ組を対象とする登用試験を行い、その結果、企業局工業用水課長の古手の事務官である辻という男の抜擢をきめた。〈四六―四七〉

牧が官民協調の混合経済を学びにフランス行きを希望したことは、すでに述べました。官民協調は日本の高度成長を支える官民関係のあり方でした。その大きな政策手段が行政指導でした。名著『通産省と日本の奇跡』の中で、著者のチャーマーズ・ジョンソンは、こう書いています。「彼〈佐橋〉は数多くの業績をあげたが、とくに通産省が外国為替にたいする管理権を失ったあとにおける主要な政策遂行手段として、意図したか偶然にそうなったかは別として、「行政指導」を確立したことがあげられる」〈ジョンソン 一九八二：二六五〉。

小説の冒頭でも、風越は大臣にこぼしています。「うちの役所には、ばらまくほどの予算があるわけでなし、許認可権もいまはたいして残って居りません。行政指導だけで業界をひっぱって行かねばなりません」〈六〉。そして、そのためにはトコロテン人事では対応できず、人物の資質次第の人事が欠かせないと確信していました。

そもそも、行政指導とはいかなる政策遂行手段なのでしょうか。政府見解を引きます。

「行政指導とは、国民の権利を制限したり、国民に対し義務を課したりするような法律上の強制力を有するものではなく、行政機関が、それぞれの設置の根拠である法律により与えられた任務または所掌事務を遂行するために、かつ、その任務または所掌事務の範囲内において、行政の相手方の協力を得て一定の行政目的を実現されるように、一定の作為または不作為を求めて慫慂し誘導すること」（一九七四・三・二六〈参院商工委〉角田礼次郎内閣法制局第一部長答弁）。

たとえば、政策が法律、政令、省令といった明文化された法令に則って行われる場合、「行政の相手方」すなわち業界は、協力したくなくても従わざるを得ません。監督官庁側にとっても法令の制定・改正にはたいへんな労力を要します。これに対して、行政指導はいわばソフト路線で、関連業界の合意を取り付けながら、その業界の育成・保護を目指すものです。それは「行政官僚による企業と業界に対する無数の助言・勧告の束のようなものである」（村松 一九九九：二二三）と称されます。

ただ、ソフト路線といっても、行政指導は事実上法令に近い強制力をもちました。第六章で述べる「住金事件」（一九六五年）で、通産省の行政指導に従わなかった住友金属の社長だった日向《ひゅうが》芳齊《ほうさい》は、こう回想しています。「当時の状況下で、一民間企業が行政官庁の指導にあからさまに逆らったのは、異例の出来事といえた」（日向 一九八七：一〇〇）。

とはいえ「自由化の嵐」に対して、風越が思い描いた行政指導に基づく官民一体の産業育成策は、高度成長をもたらした見逃せない一因でした。護送船団方式と揶揄されるように、監督官庁が業界内の需給調整にまで乗りだし、産業秩序の安定を図っていました。「遅い船」も落伍させなかったのです。

大学でたとえましょう。私が勤務する学部の学生の卒業単位数は一二四単位です。何でも一二四単位を修得すればいいわけではなく、必修科目や基礎科目、基本科目、専門科目の最低修得単位数など様々な卒業要件が学部の「法令」上かけられています。中にはこれをよく理解していない学生もいて、四年次の履修届提出の段階で、この履修届のとおり単位を修得しても、卒業要件を満たせない場合があります。

自己責任だと「法令」を盾にとって突き放すこともできます。しかし、私の所属学部では事務方が四年生の履修届をチェックして、そのような勘違いをしている学生を呼び出し「行政指導」を与え、履修届を修正させています。過保護だと思わないこともないのですが、そのおかげで留年生を最小限にとどめられます。大学版護送船団方式です。

行政手続法による行政指導の透明化

それでも、窓口でのやりとりですから、学生の飲み込みに良し悪しがあったり、職員の説明に精粗があったりするかもしれません。行政指導にも同じことが当てはまります。「無数の助言・勧告の束」には不透明さが避けられません。行政指導には「あうんの呼吸」との形容がつきまとう所以です。そこでの裁量の大きさが官僚の力の源泉になります。口頭ですから証拠も残りません。さらにそこに目を付けた政治家が介入し、業界のエージェントとして振る舞い行政の公平さを損なう事態も容易に想像できます。

一九九四年一〇月に施行された行政手続法は、行政指導の一般原則をこう定めています。

第三二条　行政指導にあっては、行政指導に携わる者は、いやしくも当該行政機関の任務又は所掌事務の範囲を逸脱してはならないこと及び行政指導の内容があくまでも相手方の任意の協力によってのみ実現されるものであることに留意しなければならない。

2　行政指導に携わる者は、その相手方が行政指導に従わなかったことを理由として、不利益な取扱いをしてはならない。

裏読みすれば、従来の行政指導には「範囲の逸脱」があったり、「相手方の任意の協力」なしに

「実現」されたりしたことがあったということでしょう。加えて、相手方が従わない場合、「不利益な取扱い」さえしたと告白しているようなものです。

行政指導の方式については、次のとおりです。

第三五条　行政指導に携わる者は、その相手方に対して、当該行政指導の趣旨及び内容並びに責任者を明確に示さなければならない。

2　行政指導が口頭でされた場合において、その相手方から前項に規定する事項を記載した書面の交付を求められたときは、当該行政指導に携わる者は、行政上特別の支障がない限り、これを交付しなければならない。

第一項は、以前は責任の所在がはっきりしない行政指導が行われていたことを示唆しています。そして、行政指導の透明化の点で重要なのは第二項です。相手方国民から文書化を求められた場合、原則として行政側は行政指導の内容を書面で示さなければならないのです。もちろん、この作業は行政側の仕事を増やすことになります。事業者側が行政側の「心証」を慮り、それによる関係悪化を心配して文書請求を差し控えるかもしれません。

こうした動機が働いたかどうかは不明ですが、総務省の調査によれば、実際に行政指導で書面が交付されたのは、行政手続法施行から七年半でたった六件でした（二〇〇三年四月三〇日付『読売新聞』）。それからもう一〇年以上が経過しています。行政指導の透明化は道半ばどころか、かけ声だけで終わってしまったのでしょうか。

ノンキャリ組の幹部職員への登用

風越はノンキャリ組からの抜擢登用試験を大臣、事務次官にかけあって断行しました。ただ、この実力本位の人材登用が各府省で制度的に行われるようになるのは、実に一九九〇年代後半になってからです。確かに一九八三年三月の第二次臨時行政調査会の第五次答申（最終答申）は、キャリア組とノンキャリ組の待遇格差に言及していました。しかし、それを制度的に是正していこうと主張されるまでには、なお一〇年以上を要したのです。

一九九〇年代後半に続々露見した高級公務員が絡んだ汚職事件、それをきっかけとして巻き起こった公務員バッシングが背景をなしていました。それに危機感を抱いた人事院はまず、一九九六年一一月二二日に事務総長の私的研究会として「新たな時代の公務員人事管理を考える研究会」（座長・京極純一東大名誉教授）を立ち上げます。翌年七月一九日にこの研究会は中間報告をまとめます。

一九九七年七月二三日付『読売新聞』は、「人事院（中島忠能総裁）は二十二日までに、国家公務員2、3種採用のいわゆるノンキャリアの人材活用を図る選抜制度を設ける方針を固めた」と報じました。研究会の中間報告を受けてのことでしょう。この方針は、同年八月四日に人事院が国会と内閣に提出した「平成9年人事院勧告」に付随された「報告」に記載されました。それによれば、「Ⅱ種・Ⅲ種等採用職員のうち意欲と能力のある者を早期に選抜して（中略）活用できる措置の導入を図ることが喫緊の課題であると考えており、今秋までに検討案を作成し、平成11〔1999〕年度からの実施をめどに検討を進めていくこととしたい。」

一九九八年一月、のちに大蔵省接待汚職事件とよばれる不祥事が発覚して、三月には大蔵現役官僚二人が逮捕される事態に至ります。そのさなかの三月二六日、上述の私的研究会がノンキャリアの幹部登用などを提言する報告書をまとめます。

その後、人事院は一九九八年五月二五日に国会と内閣に提出された一九九七年度の「年次報告書（公務員白書）」でも同じ要求をしています。さらに、その具体的な方策を検討するために、五月二八日には私的研究会「Ⅱ種・Ⅲ種採用職員の登用施策研究会」（座長・小長啓一アラビア石油社長（元通産事務次官））を設置します。早くも同年七月一七日には最終報告が出されます。その骨子は以下の三つです（一九九八年七月一八日付『読売新聞』）。

〈1〉人事院は候補者選抜のための共通の人事評価基準を作成する。

〈2〉登用候補者を対象にした研修を新設し、候補者は係長昇任前後（三十歳程度）と課長補佐昇任前後（四十歳程度）の二度、年に複数回の研修を受講する。

〈3〉人事院は各省庁のノンキャリア登用状況を公表する。

一九九八年八月一二日提出の「平成10年人事院勧告」にも、ノンキャリア職員の幹部登用計画の整備が打ち出されました。

こうした経緯ののち、人事院は一九九九年三月一九日に、上の最終報告をより具体化した「Ⅱ種・Ⅲ種等採用職員の幹部職員への登用の推進に関する指針」を人事院事務総長通知として各省庁あてに発出します。その冒頭には、「公務の一層の活性化を図るためには、能力・適性に基づく人事管理を徹底していく必要があり、その一環として、意欲と能力のある優秀なⅡ種・Ⅲ種等採用職員の幹部職員への登用を一層推進していくことが重要である」と謳われました。登用状況の公表も明記されています。

人事院による二〇一三年度の「年次報告書（公務員白書）」には、二〇〇八年度から二〇一二年度の五か年度でノンキャリアから本府省課長級（大使・総領事を含む）に新たに任用された人数が掲載されています。それによれば、年度順に、一一六、一〇四、一〇九、九八、一一三となっています。毎年度、一〇〇人程度はノンキャリアから幹部職員に登用されています。風越が「ぶっこわす」と豪語した入り口選抜方式の見直しを、さらに進めてほしいものです。

後妻の娘に先妻の名前をつけた池田勇人

二年が過ぎ、風越は秘書課長から重工業局次長に栄転します。ちょうど内閣改造もあり、通産

図表・写真３－Ａ：青山霊園にある池田家の墓

2014年11月17日、東京・青山霊園にて筆者撮影。

大臣は池内信人に代わります。これが三度目の通産相就任になります。池田勇人を模しているのは明らかです。池田の経歴をみると、一九二五年に京都帝大を卒業して大蔵省に入省します。省内では主に税務畑を歩み、主税局長を経て一九四七年二月の大蔵次官に達します。

絵に描いたようなエリートコースですが、実は池田は大きな悲運を抱えていました。一九二九年、宇都宮税務署長だった彼は、落葉性天疱瘡という奇病にかかってしまいます。「この難病は全身に水泡が広がる皮膚疾患で、痛みと痒みが文字どおり池田の全身を包み、やがて微熱も続くようになった。水ぶくれ、かさぶた、そして血膿の噴出の繰り返しであり、激痛に襲われることもたびたびであった」（藤井 二〇一二：

図表・写真３－Ｂ：池田家の墓の墓誌

伯爵廣澤金次郎三女
池田勇人妻
池田直子
昭和七年三月二十五日歿
行年二十九才
前内閣総理大臣
正二位大勲位
池田勇人
昭和四十年八月十三日歿
行年満六十五才
池田満江
平成十三年一月九日歿
行年満八十八才

一四）。入院していてもらちがあかない不治の病のため、東京の妻の実家で療養することになります。妻の直子は献身的に池田を支えます。

ところが、その看病の過労がたたって、直子は狭心症でこの世を去ります。一九三二年三月のことでした。享年二九歳。東京・青山霊園にある池田家の墓の墓誌には、直子、勇人、次いで後妻の満枝の順に没年月日と行年が刻まれています（前頁図表・写真3-B）。

一方の池田は奇跡的に回復し、一九三四年に大蔵省への復職がかないます。一九三五年一月、池田は再婚しますが、後妻の満枝との間に生まれた子を「直子」と命名します。

大臣秘書官はつらいよ

さて、大臣には政務秘書官と事務秘書官という二種類の秘書官がつきます。政務秘書官には、それまで長年仕えてきたベテラン秘書など大臣の信任の厚い人物が起用されます。大臣の申出により首相が任命します。それに対して、事務秘書官にはその官庁の中堅キャリアが充てられます。

政務秘書官の法的根拠は国家行政組織法にあります。

第一九条　各省に秘書官を置く。

2　秘書官の定数は、政令でこれを定める。

3　秘書官は、それぞれ各省大臣の命を受け、機密に関する事務を掌り、又は臨時命を受け各部局の事務を助ける。

政令である経済産業省組織令一条では、「秘書官の定数は、一人とする。」と定められています。つまり、法的には秘書官は一人のみしか置かれず、それを政務秘書官と通称しているのです。身分は特別職国家公務員です。これに対して、事務秘書官には法的規定はありません。各府省が事務取扱秘書官として事実上置いているものです。それが事務秘書官とよばれます。身分は一般職国家公務員になります。

池内信人通産大臣の事務秘書官を命じられたのは庭野でした。風越の後任の児玉秘書課長がこう告げます。

「たしかに、きみの年次は、もう秘書官役を過ぎた。ただ、今度の大臣は、ふつうの大臣とちがう。与党でも一、二の派閥を率いる実力者だ。〈中略〉とても、若手ではつとまらん。きみには気の毒だが、信頼の置ける古手、いや、大物秘書官を起用することが、急遽、きまったんだ」「やってくれ。上司や先輩とも、十分相談した上での人事だ」〈六〇―六一〉

「上司や先輩」を持ち出して念押しする言い方に、庭野は風越の意志を感じて観念しました。大臣に面通しするまえに散髪しておこうと通産省の廊下を走る庭野は、三年先輩の鮎川に出くわします。鮎川も風越がたいへん買っていた人物で、自分のあとは鮎川、そして庭野につなぐという人事構想を温めていました。すでに鮎川の耳にもこの人事情報は入っていました。自分も秘書官の経験を積んだ鮎川は、庭野にこうアドバイスします。

「あっという間に、大臣は交代するさ。目をつむって、しばらくの辛抱。いい勉強になるよ」

〈六三〉

安倍首相がいつまで在任するかはさておき、日本の首相の在職期間がきわめて短いことがよく話題にのぼります。しかも在職中に内閣改造を行います。一定の当選回数に達した議員には、大臣という「ごほうび」を分け隔てなく与えないと党内の結束が保てないのです。たとえば、民主党政権最後の首相となった野田佳彦は、わずか一年三か月あまりの首相在職中に三回の内閣改造を行いました。各大臣はそれこそ「あっという間に」交代します。第一章でも言葉を紹介した元労働官僚の西村健は、そうした大臣に接する官僚たちの気分をこう表現しています。

「大臣という存在は基本的に、役所にとって「お客さん」。下へも置かぬようにもてなして、時期がきたらとっとと帰ってもらう。官僚もそうとしか見ていない」（西村 二〇〇二：一六二）。

役所にとってのいわば「お客さん」をもてなす要の存在が、事務秘書官です。

庭野の勤務初日、池内大臣の夜の宴席のお供をして自宅まで送り届けると、記者たちが待っています。夜一〇時に懇談がようやくはねます。庭野はほうほうのていで帰ろうとすると、池内が引き留めます。

「帰る？　まだ、おれが起きてる中に、帰るというのか」

「すると、わたしはいつまで……」

「いつ、なんてものがあるものか。秘書官は、無定量・無際限に働くものなんだ」〈六四〉

池内宅で庭野は「お酒のフルコース」につきあわされ、帰宅したのは午前一時でした。その後も、庭野にはこんな「酒とバラの日々」が続きます。

実際に池田が小説に描かれているように、三度目の通産相に就くのは、第二次岸信介内閣改造内閣においてです。改造前の第二次岸信介内閣では、のちに首相となる三木武夫が経済企画庁長官と科学技術庁長官を兼務する大臣として入閣します。一九五八年六月のことです。その事務秘書官を命ぜられたのが、一九四八年大蔵省入省の森谷要でした。彼も事務秘書官のつらさをこぼしています。

「夏の間、金曜の閣議後の記者会見の後、東京を発って、翌週の火曜日の閣議までの軽井沢滞在に、毎週お名指しで同行を命じられるのにはいささか閉口した。〔中略〕東京―軽井沢間は車で六～七時間かかった。その間、車中はもちろん、滞在中四日間もお相手となり、何かとその時々の問題を論じ合いするのも大変だった」（森谷 二〇〇八：八）。

ここでも「無定量・無際限」が当てはまります。週末でさえ休めず、最大の犠牲者は家族だったと森谷は振り返ります。それでも、鮎川の言うとおり「勉強」にはなったそうです。

「当時の政治家同士の政治闘争のすさまじさと、みにくさを目の前に見、日本の政治の実相を直に体験したのは、公務員の身でありながら秘書官という仕事をしていたからこそ、自分ではもとめてもできない貴重な財産であり、人間というものは「どういう動物であるか」ということを、如実に政治というスクリーンを通して感得した」（同）。

「あの下品な装飾」議員バッジ

翌朝八時半から池内派の朝食会があり、庭野は睡眠時間三時間でこれにかけつけます。

朝食を共にしながらの代議士たちの勉強会は、年々さかんになってきており、庭野も二度ほど、講師として招かれた局長のお伴をして出席したことがある。〈中略〉議員バッジを光らせ、議員たちが次々にやってきた。〈六八〉

初当選の国会議員が初登院のとき、誇らしげに議員記章（いわゆる議員バッジ）をつけてもらうシーンがよくテレビで流れます。議員バッジは議場への通行証です。二〇〇一年八月からは身分証明書を兼ねた「通行証」も発行されていますが、両院の先例によれば議員バッジをつけていないと議院に入れません（衆議院先例集四五二・参議院先例録四五〇）。石原慎太郎前衆院議員は、この議員バッジをつけるのがいやでたまりませんでした。「私自身あの大仰な議員バッジが大嫌いで、デザインもその大きさ分厚さもどうにも頂けない」（石原 一九九九：一五七）。石原はパリのバーで顔を知っている社会党議員と鉢合わせする機会があったのですが、パリに来てまで議員バッジをつけているのに気づき、あんぐりしたといいます。ただし、両院の先例によれば議員は任期中はバッジを帯用しなければならないのです（衆先四五一・参先四四九）。

一方、石原は細川護熙首相の唯一の功績として、「必要ならざるところではあの下品な装飾を外して見せた」（石原 一九九九：一五八）ことを挙げています。

確かに、細川首相は参院議員時代から国会議事堂以外ではバッジをつけませんでした。一九九三年八月七日、首相になる直前の党首会談にも、「権威を誇示しているように見られるのはたまらない」とノーバッジで出席しました。一〇日の首相就任後初の記者会見でも、胸元にバッジはありませんでした（一九九三年八月九日付および一一日付『朝日新聞』）。

議員バッジ廃止論が自民党内で急浮上したのは、二〇〇六年一月のことです。太田誠一・党改革実行本部長が一月二六日の自ら属する派閥の例会でその旨発言し、終了後記者団に「国会議員でバッジをつけているのは日本と韓国ぐらい。アジア的後進性の象徴とさえ言える」と語りました。連立を組む公明党幹部も二七日に「偉そうにしていると見られて、逆に恥ずかしい。国民目線に立った改革を進めたい」と述べました（二〇〇六年一月二八日付『朝日新聞』）。実は、公明党は一九九〇年代から議員バッジ廃止と身分証明書の導入を主張していました。

太田発言は、自民党が国会改革案の検討をはじめる文脈の中で出されたものです。結局、党内で公式に議論されるには至りませんでした。太田は「〔議員バッジをつけないと〕議員の顔も分からない（国会の）衛視は辞めさせればいい」とまで言ったそうです（二〇〇六年三月二九日付『東京新聞』）が、これは暴論でしょう。

議員バッジをつけるのは国会議員のみならず、都道府県会議員、さらには市区町村議会議員もそうです。地方議員もまた肌身離さずどこへでもバッジをつけて出かけます。二〇一四年六月にある学会で地方議員の報告を聞きました。やはり彼らはバッジ「佩用《はい》」でした。身分を証明するためならIDカードで十分なはずです。しかし、IDカードをいつも首からぶら下げているわけにはいきません。国会議員、地方議員を問わず、議員バッジは選挙を勝ち抜いた自分の地位を誇示するための「勲章」なのです。ちなみに、欧米には議員バッジなるものは存在しません。

外局と原局

牧順三が念願かなって、通商担当の書記官としてパリに赴任したことは先に述べました。それっきり三年が過ぎても、本省から異動の沙汰はありませんでした。その間に本省勤務のキャリアは順調に出世の階段を昇っています。パリ滞在の目的であったフランスの官民協調体制の研究はすでにやり遂げ、日本経済にどう採り入れるかが牧の次の課題となっていました。牧には帰国したいという焦りが募ります。とはいえ、不安が頭を離れません。

帰国したとしても、果して、その勉強を生かせるポストがあるかどうか。むしろ、特許庁な

どの外局や、あるいは原局の末端事務を担当させられることになりかねない。〈七四―七五〉

各府省には外局が置かれる場合があります。本省の仕事は複雑多岐にわたります。そのうち本省の大臣とは別個に責任者を立てて、本省からある程度自立して仕事を担わせる方が効率的なことが考えられます。

やや話は脱線しますが、前出の森谷が事務秘書官の苦労を書き綴った原稿は、在京飯田高校同窓会誌に投稿されたものです。高校の同窓会は高校にとってのいわば外局に当たります。同窓会には毎年新入会員が入りますが、物故者も必ず出ます。同窓会員の名簿管理、同窓会の挙行の準備、会誌の発行など同窓会固有の事務作業は膨大にのぼります。これを長野県飯田高校の事務室で担うのは不可能です。そこで、長野県飯田高校同窓会という外局を設けて、同窓会長を置き事務を統轄するのが合理的になるのです。

外局には「庁」が付きます。気象庁は国土交通省の外局、国税庁は財務省の外局です。防衛省の前身である防衛庁は内閣府の外局でした。経産省には資源エネルギー庁、特許庁、および中小企業庁の三つの外局があります。そして、外局という名称が示唆するとおり、本省からは一段下にみられがちです。

また、原局もお役所独特の言葉遣いです。それと対をなす言葉が官房です。第一章では、官房の役割について「大臣に直属して省の舵取り役を担っている部局」と簡単に記述しました。これを原局との対比という別の観点から説明したいと思います。

身近な例で考えましょう。私が所属する政治経済学部は政治経済学部事務室という事務組織に支えられています。政治経済学部事務室は政治経済学部を円滑に運営するという目的を直接達成するために活動する組織です。明治大学には一〇の学部があり、学部ごとに縦割りで同様の直接的な活動をする事務室が置かれています。

一方、これだけの規模になりますと、各学部の活動を取りまとめる、あるいは大学全体としての経営方針を策定して、各学部に実行させる横割りの組織も必要となります。人事や財務、資産管理についても全学に及ぶ専門の部署がないと回せません。これらは学部運営からみれば間接的な仕事ですが、必須の補佐機能です。

お役所に置き換えれば、原局とは前者のように、縦割りで特定の政策を立案する直接部門をいいます。これに対して、官房とは後者のように、横割りでそれらの政策を総合調整したり、省内のヒト、カネ、モノを管理したりする間接部門のことです。現在の経産省でいえば、上述の官房三課に加えて経済産業政策局が横割り局の位置づけになります。それら以外が縦割り局、すなわち原局です。

佐橋は「原局マン」を自称していました。確かに、彼の経歴をみると、官房秘書課長を三年務めた以外はずっと原局畑を歩んでいます。ところが、一九六一年に経済産業政策局の前身の横割り局である企業局の局長に栄進しました。「実のところ、企業局長に適任かどうか自信がもてなかった」（佐橋 一九六七：二三三）と当時の心境を述べています。

在外大使館の便宜供与

パリの牧に話を戻しましょう。「外交官」となった牧には、今夜も大使館で来訪した政治家たちをもてなすパーティの予定がありました。

政治家たちの案内や接待は、パリ大使館勤務の者には、毎度のこと、飽き飽きして、どなり出したいほどだが、黙ってそれに耐えて笑顔でつとめるのが、外交官というものであろう。現に、同僚たちは、大使から運転手に至るまで、こぼれそうな笑顔で、応接にこれつとめている。〈七三〉

大臣や国会議員などが外遊に出る場合、外務省本省から現地の在外大使館にその旨を伝える電報「便宜供与電」が入るそうです。鈴木宗男元衆院議員は現職時代、得意だった質問主意書によってその具体的中身を開示させました。これにより、次のようなランク別に接遇していることがわかりました。

AA　皇族、総理、国務大臣、衆・参両院議長、前・元総理など
BB　衆・参両院副議長、衆・参正式派遣議員団、各省庁副大臣・大臣政務官、前・元衆・

参両院議長、前・元国務大臣、都道府県知事など
CC　衆・参両院議員、各省庁事務次官、各省庁局部長、都道府県会議長など
CC―GG　各省庁課長など
DD　その他の国家公務員、地方公務員、公益を目的とする法人・団体の職員など
TT―XX　上述のいずれかに該当する者であって、とりあえず通報するが、追って本人から通報がある場合には、しかるべく便宜供与を行う者
TT　上述のいずれかに該当する者であって、参考までに通報する者
（鈴木 二〇〇六：二三八）

このとき、牧が出席したパーティは「元経済安定本部長官を長とする代議士たちの視察団」という設定ですから、ＢＢの便宜供与が図られたことでしょう。

安本《あんぽん》とよばれた経済安定本部は、戦後の経済復興を目指して一九四六年に総理府の外局として設置されました。その長は総裁で首相が充てられ、総裁の下に国務大臣である総務長官が置かれました。「経済安定本部長官」とはこれを指します。

安本は一九五二年に経済審議庁に改組されます。同庁は一九五五年には経済企画庁に改称されました。さらに、二〇〇一年の中央省庁再編によって、経企庁は内閣府に統合されることになります。

牧は経済に明るい先生方（官僚は国会議員をこう呼びます）なら自分の構想を売り込むチャンスになるかもしれない、と沈みがちな気持ちに鞭を打つようにして出席します。しかし、牧のそんなカタイ話に耳を傾けてくれる議員などおらず、牧の失意は深まります。

ところで、私のゼミでは春学期（前期）と秋学期（後期）に一回ずつ、「校外ゼミ」と称してゼミの時間を使って国会議員と意見交換をしたり政党本部を訪ねたりしています。二〇〇六年度の前期には、控訴審のさなかにあった鈴木宗男衆院議員と衆議院第一議員会館で意見交換の機会をもつことができました。二〇〇六年六月六日のことです。宗男議員の田中角栄を彷彿させる軽妙洒脱なトークに学生たちともども聞き惚れたことを思い出します。その折り、著書『闇権力の執行人』にサインをいただきました（図表・写真4）。

図表・写真4：鈴木宗男のサイン本

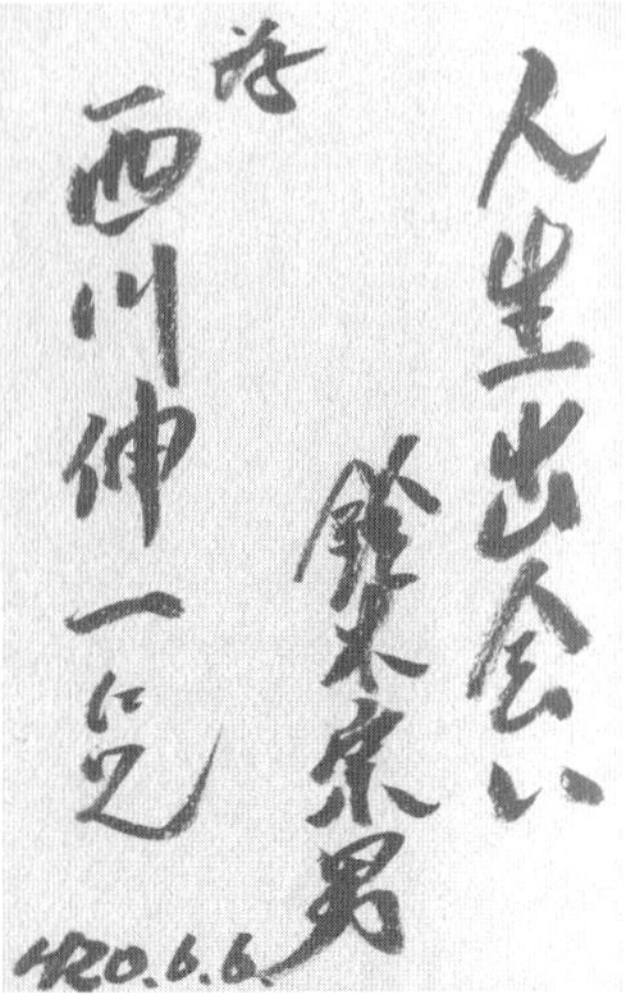

外務省を「知りすぎたよそ者」である宗男は、便宜供与について同書でこう書いています。

「便宜供与の問題は外務省改革の根幹に関わることだと考えている。「闇権力」の特徴は、国民の税金を使って過剰便宜供与で政治家を腐敗させることだ。腐敗させて弱みを握り、「闇権力」にとって都合よく操ろうとする。カネで籠絡する、女性をあてがう、酒に酔わせて醜態をさらさせる、カジノですらせる……これが外務官僚の手口だ。政治家、学者、新聞記者を困った状況に陥れて助ける。これで貸しを作るのだった。／そして、「闇権力」はこの貸しを必ず回収する。それも、大きな利息をつけて――」（同二四〇―二四一）。

「仕事中毒の患者ばかりです」

牧と同時に風越に海外勤務に出された片山泰介はカナダからすでに帰国して、貿易振興局資本協力課の課長補佐に収まっていました。「無定量・無際限」の大臣秘書官業務に四苦八苦していた庭野は、退勤の折り、地下鉄虎ノ門駅付近でばったり片山に出くわします。庭野が片山にカナダ在勤について水を向けると、片山はその収穫をこう語ります。

「簡単にいうなら、わたしたちは働きすぎですよ。日本全体が働きすぎなら、通産省も働きすぎ。仕事中毒の患者ばかりです。向うでは、四時か五時には仕事を終り、家へ帰ってゆっくり一服してから、夫人同伴で観劇やパーティへ。毎日まことに優雅なものです。ああした西欧的な生活様式を、人間として失いたくないと思いましたね」〈八〇〉

そんなことこの日本でできるものかと懐疑的な庭野に、片山は「わたしは、断乎、永続きさせますよ」〈八一〉と言い放ちます。

日本人の働きすぎは当時からあまり変わっていないようです。総務省が二〇一二年九月に公表した「平成23年社会生活基本調査　生活時間に関する結果」によりますと、男性・有業者の平日の仕事時間は、最長が「40〜44歳」の九時間三二分でした。一時間一三分の平均通勤時間を加えると、実に一〇時間四五分に達します。「35〜39歳」と「45〜49歳」が九時間一九分とそれに続きます。家事、介護、育児などを含む「社会生活を営む上で義務的な性格の強い活動」に割かれる時間はいずれの世代でも二〇分前後とのことです。平日に一一時間以上働く男性の割合も高まり続け、二〇一一年には約四人に一人は一一時間以上の勤務をこなしていいます。

これに「打ち合わせなのか親睦なのかわからない同僚同士の「ノミニケーション」」（竹信二〇一三：vi）が加わるとしたら、「男性・有業者」が家事や育児、あるいは介護に時間を割けるはずはありません。「会社が必要なときに何時間でも働けるという高い拘束を受け入れる人たちが「正社員」だ。そこには、家事や育児を一手に引き受ける「妻」の存在が、暗黙のうちに織り込まれている」（同三三―三四）。言い換えれば、「妻つき男性モデル」（同三九）が依然として幅をきかせているのです。傘寿を超えた私の母は専業主婦ひとすじでした。父の生前、「晩ご飯をいっしょに食べたことなどなかった」とちくちく言っていたことを思い出します。

「仕事と生活の調和推進官民トップ会議」によって、「仕事と生活の調和（ワーク・ライフ・バランス）憲章」が策定されたのは二〇〇七年一二月です。この「官民トップ会議」とは、関係閣僚、経済界・労働界・地方公共団体の代表者、および有識者から構成されたものです。ワーク・ライフ・バランス憲章と同時に、時短の数値目標を含む「仕事と生活の調和推進のための行動指針」も定められました。そこには、「『仕事と生活の調和が実現した社会』に必要とされる諸条件」として、「労働時間関係法令が遵守されていること」や「健康を害するような長時間労働がなく」などが挙げられています。しかし、その実現には「日暮れて道遠し」の感を抱かざるを得ません。

第三章　対立

「ダークホース」片山の周到な布石

庭野は虎ノ門駅から一人で地下鉄に乗ります。さっき言葉を交わした片山はタクシーでその場を立ち去りました。車内で庭野は見覚えのある若者にあいさつされます。入省前に風越が昼食に連れ出した学生の一人で、その後庭野も面接した小糸でした。小糸は無事に通産省に入省し、いまは片山も籍を置く貿易振興局に勤務していました。庭野はとっさに片山の名前を口に出してしまいます。すると、小糸から意外な発言が飛び出します。

「課はちがいますが、もちろん、知っています。というより、片山さんの方が、わたしたち同期の全員をよく御存知でして」

「……どういうことだね」

「十九人の顔と名前をすぐおぼえて、みんな、いきなり声をかけられたりして、おどろいているんです」

「……」

庭野は、声が出なかった。それは、面接までしておりながら、すぐには名前が思い出せないでいる庭野への痛烈な皮肉ともなっていた。〈中略〉片山にしてやられた気がした。〈中略〉すべてを投げ出しているように見せて、そうではない。打つべき手は打っているという思い

がした。やはり油断のならぬ競争相手の一人である。〈八二〉

テニスに興じカナダへいったん飛ばされた片山です。出世など眼中にないとライバルたちには思わせながら、人心掌握術は十分に心得ていて、ダークホースとして影響力の扶植に余念がなかったのです。

角栄の超人的パフォーマンス

人の名前と顔を覚えることは、人心掌握の基本です。その伝説的達人は田中角栄をおいてほかにいません。経済学者の野口悠紀雄は、一九六四年に大蔵省に入省しました。当時の大蔵大臣は角栄です。野口は大蔵省入省式で角栄の超人的パフォーマンスを目の当たりにしました。

「新入生20名が大臣室で一列に並んで、大臣の入室を待つ。／現われた角栄大蔵大臣は、並んだ新入生の端から一人一人に握手して、「やー、○○君。頑張りたまえ」と声をかけ始めた。そして、20名のすべてに、一人も間違えずに呼びかけたのだ。メモなしで。また、秘書官が傍について耳打ちしたわけでもない。田中大臣は、20名の姓名を一人残らず正しく記憶し、顔と一致させていたのである。このの驚くべきパフォーマンスに、われわれは度肝を抜かれた」（野口二〇一三：二八―二九）。

角栄の大蔵官僚掌握術はこれにとどまりません。

「彼らの入省年次、学歴、誕生日、家族構成まで調べあげ、自宅へ呼んだ者には高価なみやげものを与える。／ケタはずれの祝儀や贈りもので官僚の気持ちをひきつけてゆく、独特の人心収攬術である。子供が大学へ入学したり、妻が入院すると、いつのまにか角栄が祝儀をとどけ、見舞いに出向く」（津本 二〇〇三：一二三）

　こうした角栄の人心収攬術のルーツは、「裏日本」からはい上がった彼の軌跡のみに帰せられるものではありませんでした。角栄が戦時中に設立した田中土建工業は、軍の命令により東京にあった理研工業のピストンリングの全工場設備を、朝鮮南部の大田に移設する工事を受注します。角栄は朝鮮半島を満州との国境地帯に至るまで頻繁に行き来することになります。この大事業を成し遂げる過程で、角栄は工事に携わる人びとの動かし方、心のつかみ方を学び取っていったのでしょう。

　角栄が大蔵大臣となったのは、一九六二年七月の第二次池田勇人内閣第二次改造内閣においてです。弱冠四四歳の史上最年少の大蔵大臣でした。永遠に破られない記録でしょう。このとき大蔵官僚を前に披露した就任演説もまた、度肝を抜く迫力に満ちていました。

「私が田中角栄だ。小学校高等科卒業である。諸君は日本中の秀才代表であり、財政金融の専門家ぞろいだ。かくいう小生は素人だが、トゲのある門松は、諸君よりはいささか多くくぐってきている。いささか仕事のコツは心得ているつもりである。私はできることはやる。できないことは約束しない。これから一緒に国家のために仕事をしていくことになるが、お互いが信頼し合うことが大切である。従って今日ただ今から大臣室の扉はいつでも開けておく。事務次官ばかりでなく、今年入省した若手諸君も、誰でも我と思わんものはなんでも言ってきてくれ。上司の許可を取る必要はない。思い切り仕事をしてくれ。しかし責任の全てはワシが背負う。以上」（中澤二〇一三：四〇）

その後、角栄は第一次佐藤栄作内閣の改造によって職を解かれる一九六五年六月まで三年近く蔵相の任にありました。このとき、角栄大臣の政務秘書官を務めたのが早坂茂三です。『東京タイムズ』の政治部記者だった早坂は、角栄にまつわるスクープを飛ばしたことが機縁で角栄と懇意になりました。やがて、角栄が蔵相に就任した年の一二月、角栄から「秘書官にならないか」と請われて、早坂は「喜んでお受けします」と決断します（早坂　一九八七：八―九）。それ以降、二三年間にわたり角栄の大物秘書として活躍するのです。

加えて、官僚操縦のために欠かせないのは入省年次を覚えることです。角栄がまだ大蔵大臣だった第一次佐藤内閣で官房副長官に起用された竹下登は、「一所懸命で覚えましたね。だから今でも「きみ何年だったかな」と聞いたりして「じゃあ先輩の誰々は」とやると、各省の官房長よりも僕のほうが役所の年次を知っていると言うんだ」（竹下　二〇〇一：六二）と回想しています。

政治資金パーティの現場をのぞくと

庭野が帰宅すると妻から、池内の妻が午後、庭野へのねぎらいの言葉を伝えにわざわざ来宅したと知らされます。手土産は高級ブランディとメロン二個でした。そこまでされて、庭野は「無定量・無際限」に尽くすしかないと腹をくくります。

　一日平均五十人を越す来訪者、そして百五十件前後の電話。これを他の秘書たちの協力を得て、さばいて行く。〈中略〉パーティも多い。慎重なスピーチが必要なときは、あらかじめ文案をつくって、のみこませておかねばならない。その文案を、池内はまた、始終、無視するのだから、庭野としては、ハラハラのしづめである。〈八九〉

「校外ゼミ」で鈴木宗男議員のお話をうかがったことは前述しました。それ以来、宗男（元）議員の政治資金パーティである「新党大地　鈴木宗男を叱咤激励する会」の案内が毎回郵送されてきます。会費の二万円は痛いのですが、引率するゼミ生たちは会費免除にしていただき、彼らに政治の現場を体験してもらうためにできるだけ出席するようにしています。

会場はいつも東京・四ッ谷のホテル・ニューオータニの宴会場「芙蓉の間」と決まっています。三〇分ほど前に受付をすませて、会場に入ります。その際ウエルカムドリンクとしてウイスキーの水割りやらワインやらジュースやらがサーブされます。学生たちと雑談しながら開宴を待ちます。その間に会場は続々埋まっていきます。開宴時刻近くになると満員電車の中にでもいるようなすし詰め状態になります（図表・写真5）。

やや定刻をすぎて開宴となり、党の名付け親で歌手の松山千春の先導で宗男（元）議員が入場し、壇上に上がります。

図表・写真5：「新党大地 鈴木宗男を叱咤激励する会」

2013年7月2日、東京・ホテルニューオータニにて筆者のゼミ生が撮影。

ここからが長いのです。来賓のあいさつが延々と続きます。二〇一〇年四月二二日の会では、鳩山由紀夫内閣の平野博文官房長官を含め、現職閣僚が五人もあいさつするという豪華な顔ぶれでした。他の閣僚が登壇してもＳＰ（要人警護のための警官）は一人しか壇上に立たなかったのですが、平野官房長官が上がると二人のＳＰが左右を固めて、官房長官は格が違うのだと実感しました。

必ずあいさつするのが、宗男の盟友である作家の佐藤優元外務省主任分析官と松山千春です。松山千春がスピーチの中でヒット曲のワンフレーズをアカペラで歌うのも定番です。加えて、宗男が後援会長を務める大相撲八角部屋の八角親方（元横綱北勝海）が部屋の力士を引き連れて出席し、一言述べます。冒頭に登壇する有力政治家が政局絡みの重大発言をすることもありますので、テレビカメラも最後方に陣取ります。

主役の宗男が最後にお礼と決意の言葉を述べてようやく乾杯となります。ここまで優に一時間はかかります。学生たちはかかれ！とばかりに食べ物に殺到します。私は人をかき分けて料理を取るのも面倒なので、学生たちが気を利かせて取ってきてくれたオードブルを少しつまむ程度です。宴会場いっぱいの人出ですから、料理はすぐになくなり、乾杯の後三〇分ほどでお開きになります。お開き口をみると、結婚披露宴よろしく宗男がお見送りして、気さくに握手や写真撮影に応じます。ずうずうしく学生たちもいっしょに写真を撮ってもらって大喜び。そして、お土産に宗男の最新刊の本が渡されます。

ホテルを出たあと、立ちっぱなしの疲労をいやし空腹を満たすため、学生たちを二次会に誘って彼らの感想を聞いたりします。彼らが政治の現場を肌で感じてくれれば、高い会費を払った甲斐もあります。

天下りせず

風越は秘書課長から重工業局次長、さらには重工業局長へと昇進していきます。「ミスター・通産省」とまでよばれる通産省の大物局長になります。

風越は、仕事はやり抜くし、有能な人材を手もとにひきつけ、しっかり掌握している。省内の人気も抜群で、ノン・キャリ組にまで評判がよい。その上、人事に明るいだけに、人から人への糸をたぐって、巧みに天下り先を見つけてくる名人でもあった。〈九五—九六〉

天下り、すなわち公務員の再就職問題は、いわゆる公務員バッシングの常に中心的なテーマです。定年まで勤め上げることができれば、このような必要はありません。しかし、キャリア組の中では入省年次序列が貫かれており、後輩が先輩の上司になることは基本的にありません。一方で、ポストは上にいけばいくほど限られていき、最後は事務次官一つになります。

次の人事異動で自分の同期入省者あるいは後輩が自分の上司になることが内々にわかったとき、その者は中途退職を余儀なくされるのです。あくまでこれは慣例です。とはいえ、まだ五〇歳台そこそこの有能なキャリア官僚を社会からリタイアさせるわけにもいきません。ちょうどその年代の私にはまだ高校生と中学生の子どもがいます。引退など不可能です。榊東行の小説に出てくる次の一節は官僚たちの本音でしょう。

「だから、よく言われているように、官僚の関係業界への天下りを禁止する代わり、退職年齢を上げればいいのよ。関係業界にＯＢの世話を見させているようじゃ、公正な行政なんてできるわけがないわ」

高田は首を振った。「もし官庁幹部の退職年齢をいっせいに十歳引き上げたら、どれだけ国家財政に響くと思う？」

「計算してみたことはないけど……」

「少なく見積もっても、年間で数百億円単位になるのは間違いないという試算が出ている。そんなことは財政難の現在、そうそう簡単にできるわけないじゃないか。だから、官庁は民間に財政負担を肩代わりさせる代わり、天下ったOBなどを通して民間の無理も聞いてやるんだ。要するに、官民は構造的に凭れあっていて、そう簡単に是正できるようなことなんてほとんどないんだよ」（榊 一九九八：二六一）。

事務次官さえ、長く居座っていては人事が停滞し後輩に疎まれますから、定年を待たずに退職していきます。従って、彼らの再就職先、つまり天下り先を見つけることもお役所の大きな仕事なのです。

佐橋は一九六六年四月に通産事務次官を辞しますが、天下りすることはありませんでした。彼は一九一三年四月生まれですので、退官時でまだ五三歳になったばかりです。これはいまの私と同い年です。こんなに若かったのかと改めて驚きました。

その後、佐橋は一九六八年一月に「佐橋経済研究所」を設立し、自ら所長に収まります。「穴倉みたいな事務所か書斎かわからないようなところで本を読んだり、原稿を書いたり」という「静かな生活」を送ります（佐橋　一九七二：二五八）。その運営経費は一〇社くらいの企業による「会費」で賄いました。

六年間そんな生活を送っていたところに、余暇開発センター理事長就任の話が舞い込みます。「浪人生活の中に生き甲斐を見出し、毎日の生活を楽しんできた」佐橋は、「この仕事が私の関心と勉強の同じ線上にあると直感した」ため一九七二年四月これに就きます（同二五九―二六〇）。ただし、「その遠慮なさを十分に発揮するために、センターには手弁当で奉仕することにした」（同二六二）あたりは、いかにも佐橋らしく感じます。ところが、この頃になると会員企業の「会費」納入も滞りがちになり、佐橋は同センターから給与を得るようになります。「ブルータス、お前もか」とは申しますまい。

佐橋は一九九一年三月までこの理事長ポストにあって、筑波会議議長にも就任しました。その第三回の「一九八三年筑波会議」は「〝一九八四年〟オーウェルの警告に応えて」をテーマに開催され、そこでの講演記録などが『１９８４年」オーウェルの警告に応えて』（日本放送出版協会、一九八四）という本になりました。佐橋はその編者の一人になっています。

「万邦無比」の予算制度

政策の実施を担保するものは法律と予算です。『官僚たちの夏』には登場しませんが、各府省が立案する法案をチェックする関門が内閣法制局という役所です。二〇一三年八月に安倍首相がそれまでの人事慣行を破って、小松一郎駐仏大使を内閣法制局長官に起用してから、二〇一四年七月に集団的自衛権行使容認の閣議決定がなされるまでの過程で、内閣法制局は国民に知られる存在になりました。

ちなみに、小松長官は病気を押して職務に励み、翌年五月一六日に一定の目途がついたとして退任します。なんと、それからわずか一か月あまりのちの六月二三日に死去します。集団的自衛権行使容認へと憲法解釈を変更する困難な作業が、一人の有能な官僚を押しつぶしてしまったのです。首相以下政権中枢でこれを推し進めた人びとは、小松前長官を「殉職」させたことを「原罪」として背負っていくべきでしょう。前長官の自宅の霊前には、集団的自衛権行使容認を決めた七月一日の閣議決定文が供えられているそうです。

片や、各府省が要求する翌年度予算を査定する関門が財務省主計局です。二つの関門をあわせて「二局支配」ともよばれます。

官僚たちの鬼門のひとつに、大蔵省主計局がある。

予算編成期には足しげく通い、平身低頭せんばかりにして説明し陳情しなくてはならぬ相手だが、風越は自分からは決して主計局に出向かなかったし、もちろん頭を下げることもしない。〈九七〉

前述のとおり、各府省は八月三一日までに翌年度予算の概算要求書を提出します。九月以降、財務省主計局では主計官が中心となって査定作業が行われます。それぞれの主計官には担当の府省が決まっています。各府省の原局と担当主計官は一二月下旬の財務省原案の確定までの間、「期限つきの勝負」を繰り広げます。新政策を実施したい原局は、担当主計官の要求に従って膨大な資料を用意します。それでも担当主計官は容易には予算を付けません。そのやりとりが繰り返され、最後は不眠不休の消耗戦の様相を呈します。

年明けに開会される通常国会の召集日に翌年度予算が提出されます。そこから逆算して、年末には財務省原案を内示して閣議決定にこぎつけなければなりません。この厳しい時間的制約が関係者を「異常心理状態」に追い込むのです。

財務省と以上のような予算折衝を行うのは各府省だけに限りません。裁判所もこの過程を経て翌年度予算を確保します。担当部署は最高裁事務総局経理局です。経理局総務課長兼営繕課長として大蔵省の担当官とぎりぎりの攻防を経験した石川義夫は、予算編成作業を「壮大なドラマ」だとして、次のようにたとえています。

「予算編成ドラマの全体は数知れぬ多くのエピソードをはらんで大河の如く流れる。しかしその大河は悠揚せまらず音もなく海にそそぐ大河ではなく、轟々とうなりをあげ、奈落の底に落ち込んでいくナイヤガラ川のようなそれである。そこでは大胆も、怯惰《ママ》も、責任感も、無責任も、雄々しさも、女々しさも、貪欲も、謙譲も、叡智も、愚鈍も、故意も、友情も、沸き返り渦巻きながら、見えがくれに滝壺の底へおちこんで行く」（石川 二〇〇六：二二七―二二八）。

まさに修羅場の迫力です。佐橋はこうした決着の仕方を「どろ仕合い」とよび、予算査定のあり方は大蔵省側に「きわめて恣意的である」と批判しています（佐橋 一九六七：一九七）。あるいは「バカげた予算制度」とも書いています。そして、大蔵事務次官にこのような予算編成方式をとっている先進国は他にあるのかと尋ねたところ、「万邦無比だ」と呵々大笑されたそうです（佐橋 一九七二：二〇五）。非合理的要素に満ちていることは大蔵省自身も重々承知しているのですが、戦前から続いている方式を改めることは不可能に近いのです。

自民党の長期多角決済

当時の通産省が抱えていた最大の懸案は、輸入自由化に舵を切るかどうかでした。経済企画庁が発行した一九五六年の『経済白書』（『昭和31年年次経済報告』）の結語に書かれた「もはや「戦後」ではない」はあまりにも有名です。戦後の廃墟から日本経済はようやく立ち直りつつありました。為替管理や輸出入制限によって外国資本や外国産品の流入を抑えて、自国産業を育成してきたのです。とはいえ、このような「温室」に入れたままにしておくと、いつまでたっても競争力がつかず、外国資本との競争に勝てません。いずれ自由化に踏み切らなければならない。一方で、アメリカなど諸外国からは市場開放の要求が強まっていました。とりわけ焦点となったのは、原綿原毛の自由化でした。もちろん繊維業界は大反対で、風越ら多くの通産省の幹部も時期尚早と考えていました。しかし、池内大臣は自由主義経済論者で、通産省内にも少数ながら玉木繊維局長のように同調する幹部もいました。玉木は風越と入省年次が同じライバルです。

それを議論した省議は午後一時からはじまりましたが、午後七時を過ぎても決着をみません。池内は省議に出席していた幹部たちを自宅に招いて、議論は延長戦に入ります。日付が変わりそうになったとき、池内は意志を固めて幹部たちに自由化の決断を告げたのでした。

今度のように、省議を向うに回し、大臣が毅然としてその権限を行使するのは、むしろ、異例のことであった。だが、権限は権限である。決済が下された以上、風越たちは、機構の一員として、その決済に従う他はなかった。風越はまた、それで池内に貸しをつくったと思った。

風越の見方は、あまかった。政治家は、それほど、あまくはない。それは、池内に対する貸しではなく、借りであった。貸しにするためなら、そこまで対立し続けるのではなく、早々に譲って、手を打つべきであった。その判断のあまさを、風越は後に思い知らされることになる。〈一〇二〉

お金の貸し借りを決済することは容易です。金額がはっきりしていて、貸し方、借り方も自明だからです。翻って、人間関係の貸し借りは一筋縄ではいきません。貸し借りの有無や多寡は主観的ですし、何をもって決済とみなすかも判然としません。

私の勤務する学部のある大きな行事に、日本人ならだれでも知っている当学部卒の有名人を講演者として招くことになっていました。あいにく、その方が直前になって急に病気になりキャンセルされたことがあります。数年後、学生が当学部卒の大先輩にインタビューする企画が学部内でもちあがりました。責任者だった私は担当の職員の方から、「あのときの借りを返してもらったらどうでしょう」と相談されたことがあります。数年前の借りをその方も負担に思っておられたのでしょう。快くインタビューに応じていただきました。

これは単純かつ短い時間軸で決済が完了したわかりやすい事例です。逆に、「闇権力」がいかに貸しを厳しく取り立てるかは、上で引いた鈴木宗男の指摘のとおりです。

こうした貸し借り関係を長い時間軸で複雑かつ穏便に決済していったのが、小泉純一郎首相登場以前の自民党政治でした。

「これまでの自民党政治家は、比較的に長い時間軸を有していた。すなわち、ほかの政治家や官僚との間の貸し借りの関係を重視し、ある時点で貸しをつくれば、別の時点で借りを返してもらえるとの予期に基づいて行動していた。／たとえば、現在時点で人事などで他派閥にも配慮しておけば、今後も政権運営での協力が期待でき、自らの退任後その派閥の領袖が政権に就いた場合でも、自分の派閥に配慮してもらうことが期待できる。また、官僚の要望を受け入れて良好な関係を維持しておけば、後々の政策決定で自分が介入する余地を残すことができるだろう。〔中略〕いわば、長期多角決済を通じて利益を得ることを目指していたのである」（内山　二〇〇七：三〇―三二）。

短い時間軸で決断できた小泉首相

小泉首相が郵政民営化へと突き進んだやり方は、長期多角決済を前提にした自民党の政策決定方式を無視したものでした。

自民党で政策を最終的に意思決定する機関は総務会です。ここで決まったことは党議決定であり、それには党議拘束がかかります。たとえば、ある法案が総務会で承認されれば、自民党所属議員は国会で必ずそれに賛成しなければなりません。さもなければ、党則に基づいた懲罰処分を受けます。

しかも重要なのは、総務会での議決は全会一致であることです。二〇〇一年から二〇〇四年まで自民党総務会長を務めた堀内光雄は、この議決方式をこう評価しています。

「自民党総務会は、多様な意見を持つ議員の意見を集約する場であり、政権を支える与党の最高意思決定機関であるから、異論が続出しても最後には全会一致の原則を守ってきた。これは、国民政党としての自民党が約四十年にわたって維持してきた良識であり、議院内閣制のわが国の政治が安定していた基盤である」（堀内 二〇〇六：五五）。

もちろん、政策や法案によっては、出席した総務による全会一致がむずかしい案件もあります。対立する意見については文言の修正でこれに応じるなどして、ぎりぎりの調整を経て全会一致を図ります。それでもその見通しが立たない場合は、反対の総務は頃合いを見計らって退席するのです。堀内が、第一章で取り上げた山中貞則の総務会での発言を紹介しています。

「全会一致を旨とするという慣行にしたのは、堀内が例えばいま、山中に対して目配せをしたら、山中はちょっとトイレに出ていく。そういうのが自民党の良さだったんだ」（同五三）。

山中が退席することで全会一致を可能にしたことを、総務会長や他の総務は「借り」として覚えておいて、別の機会にそれを「返済」するのです。

ところが、郵政民営化法案が諮られた二〇〇五年六月二八日の総務会は、こうした「美風」が守られませんでした。堀内は議事録に基づいて、その模様を明らかにしています。

「久間〔章生〕総務会長「では、柳澤理事から提案されました、衆院の委員会で、いまのような内容で修正するということについて賛成の皆さんの挙手をお願いいたします。はい。反対の方もお願いいたします。」

亀井静香総務「そういうことには協力できない。」

久間総務会長「それでは党総務会としては、その修正案で委員会への修正動議を提出し、本会議において修正の上、可決するということに決定させていただいたと思います。」

——騒然——〔中略〕

この議事運営では、どのような内容が採決の対象であったのか明確でない。また挙手の数は数えておらず、採決に際し、賛成何名、反対何名とはっきり表明できなかったことも議決の要件を欠いている」（同一一一―一一三）。

郵政民営化法案に反対だったばかりか、総務会で前代未聞の多数決で議決が行われたこと、しかも賛否の票数が不明であることに堀内らは不満を募らせます。その結果、衆参それぞれの本会議採決で、自民党所属議員から造反の反対票が出ました。衆議院は辛うじて通過しましたが、参議院では否決されてしまいます。小泉首相は「国民に聞いてみたい」の決めぜりふで解散・総選挙を断行します。衆院本会議で造反投票した議員は公認しないのみならず、その選挙区に「刺客」候補まで擁立する非情ぶりでした。

いうまでもなく、小泉首相はこの過程で多くの敵をつくりました。長期多角決済が不能なまでに党内亀裂は深まり、例えば前出の亀井静香は離党して国民新党を旗揚げしました。

小泉が数々の犠牲もいとわなかったのは、彼が自民党的な中長期的貸し借り関係から無縁の立場にいたからです。小泉には「子分」がいませんでした。もし「子分」がいれば彼らの出世栄達を考えて、長い時間軸で行動せざるを得なかったでしょう。そうした縛りがなかったため、短い時間軸で決断することができたのです。

風越の直情径行的性格は小泉に似ています。敵をつくることをいとわず、短い時間軸で正論をはき続けました。「おれは、だいたい、政治家など、ひとつもえらいと思っておらん」〈五九〉と公言し、中長期的な利得を考えて、大臣や議員にすり寄ることなど一切しませんでした。ただ、風越には「子分」がいました。これが小泉との決定的違いです。彼らを省内の中枢で起用したいという人事構想を風越はもっていました。また、後述するように、郵政民営化にも匹敵する大がかりな政策案も抱くに至ります。これらを実現するためには、「長期多角決済」を念頭に置いた行動も必要だったのです。

上述のあまい判断にもあるとおり、そうした配慮に長けていなかったことが、風越をのちに大きな挫折に導くことになります。

官僚指導経済という夢

国内市場の完全自由化を「1」とし、鎖国のような完全閉鎖状態を「0」としましょう。国内産業を保護するには「0」が理想状態となります。外国の強い資本との競争にさらされないわけですから。しかしこれは同時に、国内企業の外国進出もできないことを意味します。国内市場の維持、拡大のためだけに、各企業は設備投資合戦を繰り広げ、製品の販売価格をたたき合います。消費者にとっては必ずしも悪くありませんが、企業体力は消耗されます。こうした不毛な競争を過当競争といいます。

反対に「1」とはどういう社会でしょう。営農規模の違いから圧倒的に価格の安い農産物が外国から入ってきます。日本の農業は壊滅します。一九六四年五月のレモン輸入自由化によって、国産レモンは致命的な打撃を受けたのでした。日本のコメの生産コストは一俵約一万四〇〇〇円なのに対して、コメの関税が撤廃されれば一俵約二〇〇〇円のコメが入ってきます。味もさして遜色ないとなれば、日本の消費者はどちらを選ぶでしょうか。

工業製品についても同様ですので、太刀打ちできる競争力がなければひとたまりもありません。以下は第四章での場面ですが、鮎川が庭野と入った日暮里駅近くの居酒屋で、その店主とかわす会話です。二人は「ちっぽけな商社づとめ」だと職業を偽っています。それを聞いた店主が水を向けます。

「商社ねえ。貿易戦争とか何とかで、この先たいへんでしょうね。自動車なんかだって、向うが本気でわっと入ってきたら、イチコロだっていうじゃねえですか」

「規模がちがうからな。いま日本でいちばん売れている車種だって、月産五千台まで行っていない。ところが向うは万単位、多いのは十万単位だ」
「それじゃ、とっても勝負になりませんねえ」
「それを勝負しなくちゃいかんから、たいへんだよ」〈一三三―一三四〉

戦後の廃墟の中、「0」から再興された国内産業が「1」に向かって進まざるを得ないことは風越もわかっていました。そうはいっても、風越のみるところ、国内産業を国際競争にさらすにはまだ時期尚早でした。彼は通産省による国内産業の保護、育成を強力に推し進める体制を思い描いていました。既存メーカーの集約を進めて過当競争を防ぎ、規模の経済による効果で十分に国際競争力をつけてから「1」へと大きく踏み出していこうというわけです。

自動車業界についていえば、実際に通産省はのちの特定産業振興臨時措置法案につながる自動車行政の基本方針を一九六一年五月に示しました。この法案については、第五章で取り上げます。自動車行政の基本方針には、一九六三年の輸入自由化に備えて、業界を①量産車グループ（トヨタ、日産、マツダ）、②高級車、スポーツカー、ディーゼル車などの特殊車グループ（プリンス、いすゞ、日野）、③軽自動車グループ（富士重工、マツダ）の三グループにまとめる構想が描かれていました。このほか、新規参入については通産省の許可制にするという強い権限を通産省に与えるものでした。

これに深刻な危機感と怒りを覚えたのが、新規参入組のホンダの本田宗一郎です。「新規参入を認めないとは何事だ。役所にそんな権限はない」（本田二〇〇一：一一二）。法案成立までに生産実績を上げなければ締め出されてしまいます。本田は一九六二年一月にスポーツカーの製作を指示して、同年六月に迫っていた鈴鹿サーキットの「お披露目」直前になんとか完成させます。

〈アメリカの大資本に対抗するためには〉指導なり誘導なりの強力な権限が必要だし、資金面の裏づけや、税制上の優遇などもとりつけねばならない。つまり、これまでのような行政指導のつぎはぎ細工ですむ問題ではなく、法律の裏づけを持つ一つの大きな新しい官僚指導体系の網をかぶせることが必要である。それは、見方によっては、通産省にとって、新しい時代のはじまりとなり、官僚指導経済という新しい夢を持てることになる。〈中略〉その壮大な夢の主任設計者にたとえてもいいのが、パリの牧ではないだろうか――。〈二〇四〉

ＴＰＰ協定は「国益にかなう」のか

「０」から「１」のどこに最適値を求めるか。それは時代状況によっても、為政者が国内産業の国際競争力をどう認識するかによっても異なってきます。環太平洋経済連携協定（ＴＰＰ）交渉は、まさにこの最適値をめぐる各国のせめぎ合いのようにみえます。その結果、参加各国がＷＩＮ－ＷＩＮの関係を築くとのバラ色の未来が語られています。内閣府のＴＰＰ政府対策本部のホームページ（ＨＰ）にも、「ＴＰＰ交渉においては、交渉力を駆使し、守るべきものは守り、攻

図表・写真6：「後発医薬品」と備考欄に記された私の調剤明細書

調剤明細書

調剤　保険　社本

患者番号	90041018	氏名	西川　伸一	様	調剤日	2014/09/09

区分	項目名		点数	備考
調剤技術料	調剤基本料		41	
	後発医薬品調剤体制加算１		18	
	調剤料			
	内服薬（28日分）		81	
	計量混合加算		45	
	向精神薬加算		8	
薬学管理料	薬剤服用歴管理指導料		34	
薬剤料	ラックビー微粒Ｎ　１％	１日2ｇ×28日分	140	
	沈降炭酸カルシウム「司生堂」	１日2ｇ×28日分		
	アドソルビン原末	１日2ｇ×28日分		
	トリメブチンマレイン酸塩細粒２０％「オーハラ」	１日1.5ｇ×28日分		後発医薬品
	トフィソパム細粒１０％「ＣＨ」	１日1.5ｇ×28日分		後発医薬品
	ジアゼパム散１％「アメル」	１日0.3ｇ×28日分		後発医薬品

めるべきものは攻めていくことにより、経済成長や生活の豊かさの実現など、国益にかなう最善の結果を追求していきます」と書かれています。だから政府は交渉参加を決めたと。

　どうもそれは違っていると私には思えます。というのも、たとえばジェネリック医薬品がＴＰＰ交渉でどのように扱われているかをみましょう。

　ジェネリック医薬品とは、製薬会社が開発した新薬（先発医薬品）の特許が切れた後に、別のメーカーが同じ成分で製造する薬のことです。後発医薬品メーカーの製造には開発費がかかりませんから、ジェネリック医薬品は格安で提供できます。日本では新薬の特許は二〇〜二五年間は保護されます。それが切れた後に製造・販売されるジェネリック医薬品が、発展途上国の医療活動を支えています。それに多大な貢献をしている国境なき医師団によれば、エイズ治療で一人年間にかかった費用は二〇〇〇年の一万ドル（約一〇〇万円）から二〇一四年には六〇ドル（約六千円）へと劇的に下がりました。ジェネリック医薬品のおかげです。私もジェネリック医薬品の恩恵を受けています（前頁図表・写真6）。

ところが、アメリカはTPPの知的財産分野の交渉で新薬の特許期間の延長を提案しています。アメリカの新薬メーカーの収益増のためです。既得権益の打破や規制緩和の断行がTPP交渉の基本的精神のはずですが、それとは逆の既得権益の拡大と規制強化を要求しているのです。日本の新薬メーカーもこれに同調しています。もしこうした事態になれば、途上国医療は立ちゆかなくなります。国境なき医師団は、この「人命を左右する」提案の取り下げを強く迫っています。

TPP交渉の本質がここに現れているようです。実は、それはごく一握りの強者の私益に「かなう最善の結果を追求」する政策であって、WIN－WINの関係構築とはそれを糊塗するための美辞麗句ではないのか。あるいは、「国益」「聖域」「死守」などといった抽象的で威勢のいい言葉に、惑わされてはならないと思います。国家には「個々人を犠牲にしながら抽象的なものを優先させる」（曽我二〇一四：五五）本能があります。

長野県中川村で個性的な村づくりに取り組んでいる曽我逸郎村長は、TPPが完全達成された未来をこうわかりやすく説明しています。「世界中が朝はコーンフレークを食べて、昼はハンバーガーを食べていれば効率がいい。というか、そのコーンフレーク屋さんとハンバーガー屋さんは儲かるということです」（同五二）。当然コーンフレークの原料であるトウモロコシは遺伝子組み換え作物で、ハンバーガーの牛肉には牛の成長を早める抗生物質がたっぷり使われています。

「男ならやってみな」

私の自宅のある集合住宅のすぐ近くを中央自動車道が通っています。たまに右翼の街宣車が軍歌を大音量で流しながら走り去っていきます。八月になるとその頻度が高まります。八月はほとんど在宅しているため、その「学習効果」で軍歌のメロディを覚えてしまうほどです。「男なら」ではじまる軍歌があるんだなあと思っていました。

風越は「男なら、男なら、やってみな」と歌うのが好きなようです。次項で述べる休暇で訪れた長野県飯田市のりんご並木でも歌って、娘に「やめて」とたしなめられています〈一一〇—一一二〉。重工業局次長時代も本務が済んだ後、次長室に若手事務官を集めてこの歌を口ずさんでいます〈七八—七九〉。

飯田に休暇に出る前に池内信人こと池田勇人が首相に就きます。これは一九六〇年のことです。和田弘とマヒナスターズが「男ならやってみな」（西岡水朗作詞、石田一松・清水みのる補詞、草笛圭三作曲）をヒットさせるのは一九六三年です。なので、風越が歌っているのは、補作詞される前の西岡水朗作詞、草笛圭三作曲の「男なら～特攻隊節～」だと推測されます。

小説にはこのあとの歌詞は出てきません。四番まであるうちの一番はこういう歌詞です。

男なら　男なら
未練のこすな　昔の夢に
もとをただせば裸じゃないか
度胸ひとつで　押して行け
男なら　やってみな

人様が何を歌おうとかまわないのですが、精神論でしかなくジェンダー差別的なこうした物言いが私は好きではありません。女性に失礼です。生物学的な性である「セックス」に対して、文化的、社会的につくられた心の性を「ジェンダー」といいます。「男であること」と「女であること」によって期待される役割の相違は、この概念を用いることで理解しやすくなります。

たとえば、「家庭内の伝統的性別役割分業」もその一つです。「男性は家計に、女性は家事・育児に主たる責任がある」とする考え方です。庭野が「無定量・無際限」に働けたのも、当時はまだ言語化されていなかったジェンダー的役割期待が当然の前提とされていたからです。風越が「おれは、余力を温存しておくような生き方は、好まん。男はいつでも、仕事に全力を出して生きるべきなんだ」〈二九〉と言い放てたのも同様です。「内助の功」が美風とされていた時代です。

果たして、この考え方に合理的根拠はあるのかと、私は首をかしげます。家事・育児は先天的・

生物学的に、女性という性にふさわしいと科学的に立証できるのでしょうか。そうではなく、文化的・社会的につくられた女性に対する役割期待にすぎないのではないか。ジェンダーとしての女性に期待される固定観念でしかないように思います。

内閣府が男女共同参画社会に関する世論調査を行っています。その質問項目の一つが、「夫は外で働き、妻は家庭を守るべきである」という固定的役割分担意識を尋ねたものです。二〇一二年一〇月の調査によれば、「賛成」が五一・六％、反対が四五・一％でした。前回の二〇〇九年一〇月の調査では、「賛成」が四一・三％、反対が五五・一％でした。それまでの調査結果の傾向をみると、二〇〇九年までは「反対」が徐々に増えていたのですが、二〇一二年の調査で逆転しました。この三年間はちょうど民主党政権の三年間と重なります。民主党政権でも男女共同参画担当大臣は置かれていましたが、政策は十分に浸透しなかったということでしょうか。皮肉なことに、福島瑞穂社民党党首がその最初の担当大臣でした。

こんなことがありました。私が大学教員になりたての頃ですから、一九九〇年代の前半だったでしょうか。新入生のクラス別ガイダンスをある中堅の先生と二人一組で担当したことがあります。各自に自己紹介をさせたあと、クラス委員を一名選出しなければなりません。とはいえ、新入生はお互いほとんど初対面ですから、なかなか手が挙がりません。そこで、もう亡くなられたその先生は、「男らしくだれかやってくれませんか」とおっしゃいました。ところが、あわてて

「女らしくでも」とつけ加えられました。ジェンダー論的認識をお持ちだったのでしょう。この誘導の言葉が効いたのか、なんとか一人の学生が名乗り出てくれて、無事収まりました。

いずれにせよ、第一章の末尾で触れた、妻が常勤でも夫の七人に一人は家事をしないというアンケート結果のように、ジェンダーに基づく考え方は人びとの意識に相当深く根付いています。

閉会中審査のため東京へとんぼ返り

夏の終わり、風越は三日間の休みをとり、家族で伊那谷を訪れます。避暑がてら風越の姓の由来である風越山を眺めるためです。それは長野県飯田市の西部にある信州百名山の一つに指定されています。天竜川に臨む宿でくつろぎながら、風越は牧が送って寄越した報告書に目を通します。牧の猛勉強ぶりに舌を巻きながら、牧の推奨する官民協調行政を法的に裏付ける必要性を痛感していました。そこに通産省からの電話が入ります。庭野からでした。

〈川口の鋳物工場で事故が起り、通行人が大火傷を負った。それについて、明日、衆議院商工委員会が開かれることになり、野党委員が局長の出席を要求してきた――〉

要旨を伝えてから、庭野はすぐにせきこんで、つけ加えた。

「先生たちは、局長をしぼり上げたといいたいんでしょうが、わざわざ局長が答弁されるほどの事件じゃありません。多少、先生たちの心証を害するでしょうが、わたしがやっておき

ます」〈中略〉

〈放っておけ〉というところであったが、風越は思い返した。

「よし戻る」〈中略〉

「おれは、急に先生たちに貸しをつくっておきたくなったんだ」〈中略〉

協調経済法づくりのためには、国会筋の心証をよくしておかねばならない。〈一一七―一一八〉

風越にもようやく「長期多角決済」の思考が芽生え始めたのです。官民協調を実現させる法律をつくるには、「先生たち」の覚えをよくしなければなりません。

すでに通常国会は閉会していましたが、閉会中審査といって国会閉会中も議院の議決によって、委員会の審査をすることができます。

二〇一四年七月一日に第二次安倍内閣は従来の憲法解釈を変更して、それまで不可としてきた集団的自衛権の行使を容認する閣議決定を行いました。国是の根本的転換です。それを受けて、七月一四日と一五日に衆参両院の予算委員会でそれぞれ閉会中審査が行われ、安倍首相も出席して論戦が繰り広げられました。

七月一日の閣議決定文「国の存立を全うし、国民を守るための切れ目のない安全保障法制の整備について」を読むと、「集団的自衛権」という言葉はわずか一か所しか出てきません。そこに展開されているロジックは、従来の政府見解、すなわち憲法九条はじめ日本国憲法全体から導き出せるのは、個別的自衛権の行使のみであるとの解釈が間違っていた、というものではありません。「パワーバランスの変化や技術革新の急速な進展、大量破壊兵器などの脅威等により我が国を取り巻く安全保障環境が根本的に変容し、変化し続けている状況を踏まえれば、今後他国に対して発生する武力攻撃であったとしても、その目的、規模、態様等によっては、我が国の存立を脅かすことも現実に起こり得る」と、相当強引に自国防衛に理屈をつなげています。

その上で、「我が国と密接な関係にある他国に対する武力攻撃が発生し、これにより我が国の存立が脅かされ、国民の生命、自由及び幸福追求の権利が根底から覆される明白な危険がある場合において、これを排除し、我が国の存立を全うし、国民を守るために他に適当な手段がないときに、必要最小限度の実力を行使することは、従来の政府見解の基本的な論理に基づく自衛のための措置として、憲法上許容されると考えるべきであると判断するに至った」と結論づけます。そして、遠慮がちに「憲法上許容される上記の「武力の行使」は、国際法上は、集団的自衛権が根拠となる場合がある」とつけ加えています。

日本に対する急迫不正の侵害があるとき、個別的自衛権が発動されます。上記の閣議決定は、他国に対する武力攻撃でも場合によっては自衛権の行使を可能としたのです。他国が攻撃されていることで、国民の生命などが「根底から覆される明白な危険」とはいかなる事態を想像すればいいのでしょうか。

内閣法制局は安全保障環境の激変に解釈を対応させただけで、従来の論理を維持していると強弁することでしょう。しかし、これは後付けにすぎず、内閣法制局長官の首をすげかえるまでした安倍首相の強い執念が、政府の一部局である内閣法制局を屈服させたことは明らかです。内閣法制局は政治的圧力には抗しきれないという大きな前例をつくったことになります。

ところで、「川口の鋳物工場」といえば、吉永小百合主演の映画『キューポラのある街』（一九六二）が反射的に思い浮かびます。この頃、北朝鮮帰国事業が最も盛んな時期でした。在日朝鮮人とその日本人妻や子どもが新潟港から北朝鮮に帰国する事業で、一九五九年から一九八四年まで断続的に続き、九万三三四〇人が「地上の楽園」に帰国しました。映画では、当時一七歳の吉永小百合演じるジュンの友だちのヨシエが、川口駅前で盛大に見送られるシーンがあります。ヨシエは父が在日朝鮮人、母は日本人で、母を残して父と弟と三人で帰国する決意をします。息子に渡したいものがあると駅前に来た母親を、ヨシエはまなじりを決して弟に会わせず追い返します。会わせてしまうと三人の決意が鈍るからです。

彼の地に着いてからの彼らを待ち受けていた境遇を思うとき、駅前での熱気あふれる壮行会とのギャップに暗澹たる気分になります。

さて、官民協調行政を法律によって、言い換えれば通産省主導で推進するという風越の構想は実現するのでしょうか。

第四章　登退庁ランプ

消費者行政のさきがけ

次の年、風越は念願の企業局長に就きます。前述のとおり、企業局は原局ではなく横割り局で、所管する決まった業界をもちません。しばりのないことを活かした進取の気性に富んだ政策立案に適していました。その一つが、消費者行政に着手したことです。

図表・写真7：わが家のルームエアコンの品質表示

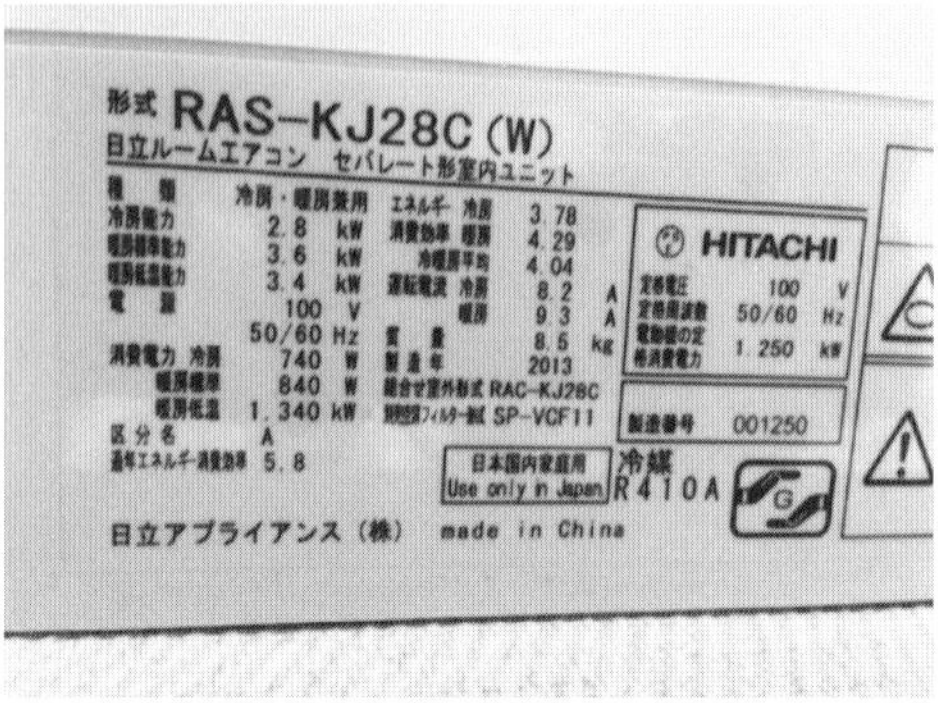

企業第一課に入ると、あちこちの机に婦人雑誌が山積みにされていた。最後の追いこみにかかっている家庭用品品質表示法立案のための参考資料である。それまで家のことなど見向きもしなかったキャリア組の事務官たちが、台所用品や電気器具の勉強に頭を抱えこんでいる。消費者行政という新しい仕事のはじまりである。〈一二九―一三〇〉

実際に家庭用品品質表示法が施行されたのは、一九六二年一〇月です。制定前にも、たとえば繊維製品品質表示法はありました。ただ、これは品質表示を任意としていて、「アイロンをかけたらいたんでしまった」など、消費者が損失を受けるケースが頻発していました。そこで、家庭用品の品質に関して表示すべき事項や表示方法などを具体的に定めて、消費者が購入後に思わぬ不利益を被らないようにする法律が策定されました。家庭用品品質表示法の施行とともに、繊維製品品質表示法は廃止されます。

この法律の成果は、私たちの日常生活のそこここでみることができます。前頁図表・写真7は、わが家にあるルームエアコンの品質表示です。

現行の家庭用品品質表示法第三条は次のように定めています。

内閣総理大臣は、家庭用品の品質に関する表示の適正化を図るため、家庭用品ごとに、次に掲げる事項につき表示の標準となるべき事項を定めるものとする。

一　成分、性能、用途、貯法その他品質に関し表示すべき事項

二　表示の方法その他前号に掲げる事項の表示に際して製造業者、販売業者又は表示業者が遵守すべき事項

これに基づいて、消費者庁告示「電気機械器具品質表示規程」が定められ、そこに一七の電気機械器具について「品質に関し表示すべき事項」が列挙されています。エアコンの場合、（1）冷房能力、（2）区分名、（3）冷房消費電力、（4）暖房能力、（5）暖房消費電力、（6）通年エネルギー消費効率、（7）使用上の注意を「消費者の見やすい箇所にわかりやすく記載して」

表示しなければなりません。「ただし、使用上の注意については、本体又は取扱説明書に表示すること」となっています。

家庭用品の品質表示確保は通産省の所管でした。一方、食品については、農水省の所管でした。同省の農林物資の規格化及び品質表示の適正化に関する法律（JAS法）に基づき、各種の品質表示基準（農水省告示）が定められていました。図表・写真8は、私の新潟の実家から送られてきたかまぼこの包装に貼付された品質表示です。このような特殊包装かまぼこには、いまでは「加工食品品質表示基準」が適用されています。二〇〇九年九月までは、「特殊包装かまぼこ類品質表示基準」がありました。

家庭用品や食品の品質表示をはじめ、各省庁が個別に担ってきた消費者行政を一元的に展開する役所として、二〇〇九年九月に発足したのが消費者庁です。その結果、家庭用品品質表示法は消費者庁が経産省と、JAS法は消費者庁が農水省と共管する法律となりました。電気機械器具品質表示規程と加工食品品質表示基準はいずれも消費者庁告示に変わりました。

図表・写真8：かまぼこの包装に貼付された品質表示

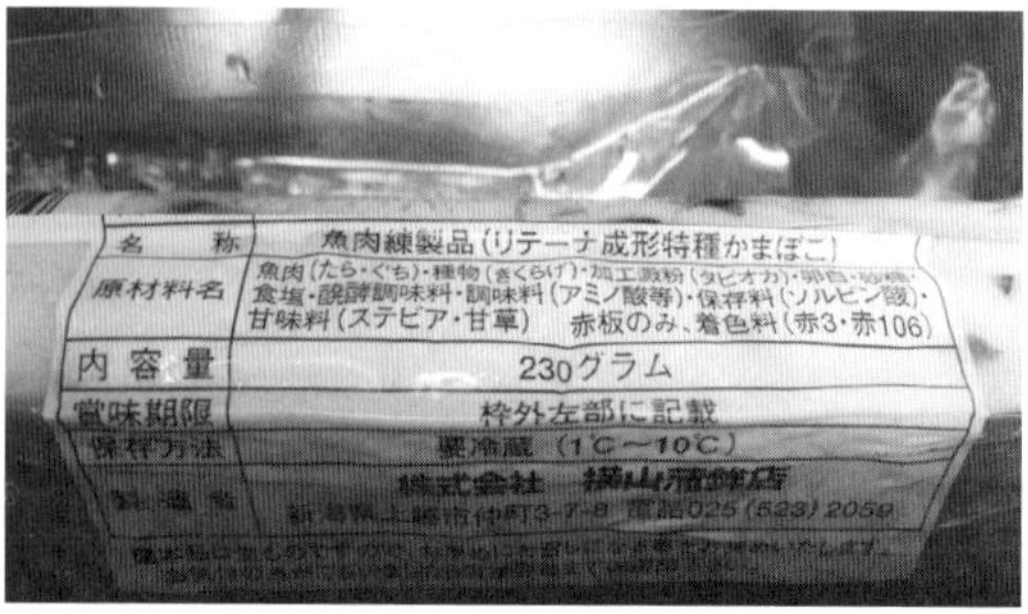

福田康夫首相の強い意欲

消費者庁設置に強い意欲を示したのが福田康夫首相でした。福田首相は二〇〇八年一月の通常国会における施政方針演説で、「食品表示の偽装問題への対応など、各省庁縦割りになっている消費者行政を統一的、一元的に推進するための、強い権限を持つ新組織を発足させます」と述べました。二〇〇七年には牛肉や鶏肉の表示偽装やお土産の定番銘菓の消費期限・賞味期限の偽装が相次いで発覚しました。その対応をめぐって、縦割り省庁の連携の不手際も目立ちました。ガス瞬間湯沸かし器による死亡事故や中国製冷凍餃子中毒事件についても同様です。

二〇〇八年二月には消費者行政推進会議の開催が閣議決定されます。同年四月二三日、福田首相はこの会議において、消費者行政部門を一元化した「消費者庁」を来年度設置すると正式に表明しました。支持率低迷に苦しむ首相にとって、独自色をアピールできる政策だと意気込んだのです。

消費者行政推進会議は二〇〇八年六月一三日に最終報告にあたる「消費者行政推進会議取りまとめ」を発表します。そこでは、「明治以来の日本の政府機能の見直しを目指す」として、縦割りで業界の保護・育成に主眼を置いた行政のあり方を、消費者の観点から捉え直すと指摘されました。その司令塔として消費者庁を創設するというわけです。上記の提言を活かすため、同年六月二七日、二〇〇九年度からの消費者庁発足を明記した「消費者行政推進基本計画」が閣議決定されます。

福田首相は二〇〇八年九月一日に辞任を表明しますが、退陣前の九月一九日、消費者庁創設関連三法案を閣議決定します。いわば首相の「遺言」で、ここにも首相の強い思い入れがにじんでいます。同法案は後継の麻生太郎内閣によって九月二九日に国会に提出されます。参院で与党が過半数の議席をもたないいわゆるねじれ国会のため、紆余曲折はありました。ともあれ、これら三法案は二〇〇九年四月一七日に衆院本会議で全会一致で可決され、五月二九日には参院本会議で全会一致で可決、成立しました。こうして、同年九月一日に内閣府の外局として消費者庁が誕生したのです。もちろん、これによって権限を奪われることになる各省庁は、一連の過程で抵抗しましたが、世論の強い支持を受けた政策だったためわずか二年足らずで発足に至りました。

二〇一四年八月一〇日、安倍首相は消費者庁第四代長官に板東久美子文部科学審議官を起用しました。政権が進める女性の積極登用の一環といわれています。第三代長官の阿南久《あなんひさ》に続いての女性長官の就任となりました。政権は二〇一五年度には国家公務員採用者に占める女性の割合を三〇%程度に引き上げる目標を掲げています。二〇一四年四月の採用者における女性の割合は二六・七%でした。そのうち消費者庁は採用者のうち四五・五%を女性が占め、続く文科省(四〇・〇%)を大きく引き離しての「首位」でした(二〇一四年九月二二日付「時事通信行政ニュース」)。

「数字は嘘をつかないが、嘘が数字をつくる」

企業局長となった風越は、官民協調行政実現のための布陣を整えます。その鍵となる同局の二つの課が企業第一課と産業資金課でした。風越は産業資金課長に庭野を充てます。一方、企業第一課長にはパリで五年留め置かれている牧の抜擢を決断します。牧が残務整理に追われて帰国が遅れているころ、庭野は鮎川に通産省の先輩の墓参りに誘われます。

東は、開戦直前、燃料局長であったが、日本の石油を預かる責任者としての立場から、開戦に徹底的に反対。東条政権に楯ついたが、最後は宮中を動かそうと、内大臣に直訴したあげく、自殺同然の死を遂げたひとであった。〈一三二〉

確かに東《ひがし》栄二という燃料局長官がいました。小説中の表記は燃料局長となっていますが、燃料局は通産省の前身である商工省の外局として一九三七年に設置され、トップは当時は長官と称しました。東は一九三九年一二月に商工省総務局長から燃料局長官に昇進し、日米開戦直前の一九四一年一〇月に退官します。翌年一月に日本貿易振興社の社長に収まり、死去したのは戦後の一九四七年一月です。ですから、この記述は城山の創作によると思われますが、日米開戦に徹底的に反対した人びとはいたのです。その一人が新庄健吉米国陸軍駐在員です。

新庄は一九一八年五月に陸軍経理学校を卒業し、一九四〇年三月には陸軍主計大佐に累進していました。同年一二月に経理学校教官に任ぜられましたが、直後の一九四一年一月に陸軍参謀本部付仰付となりアメリカ出張を命ぜられます。参謀総長からは「対米諜報に任ず」という秘密の辞令が発せられました。それを装う辞令が「米国陸軍駐在員」だったのです。新庄は同年四月から一〇月までニューヨークに滞在します。

参謀本部からの命令である「米国の国力調査」を、新庄は「諜報」が連想させるような非合法的なやり方で行ったわけではありません。新聞・雑誌、統計年鑑などの刊行物に載っている数字を徹底的に収集して、「米国の国力」を分析していきました。その結果、はじき出された数字が図表・写真9のとおりです。

図表・写真9：新庄健吉による米国国力分析

主要項目	米国	日米の比率
鉄鋼生産量	9500万トン	1：24
石油精製量	1億1000万バレル	1：無限
石炭産出量	5億トン	1：12
電力	1800万キロワット	1：4.5
アルミ生産量	85万トン	1：8
航空機生産機数	12万機	1：8
自動車生産台数	620万台	1：50
船舶保有量	1000万トン	1：1.5
工場労働者数	3400万人	1：5

斎藤（2004：119-120）による。

この絶望的な数字を含んだ新庄の報告書は七月末までには完成をみて、同じく滞米中で近々帰国予定の陸軍大佐の手に託されました。この大佐は八月二〇日に開催された政府・統帥部の「情報交換会」で、新庄レポートを報告したとみられます。しかし、彼は「文武首脳者の頭を切換えさすに至らなかった」（斎藤 二〇〇四：一三二―

一三二）と書き残しています。希望的観測と非合理的な精神論の前に、新庄が心血を注いだ怜悧な科学的結論は葬り去られたのです。

八月一日付で新庄は陸軍駐在員から大使館武官府付に肩書きは変わりましたが、引き続きニューヨークで調査を続けました。ワシントンへの出張も多くなりました。一〇月五日、新庄はニューヨークを去ってワシントンの武官府詰めになります。ニューヨークを発つ前日に開かれた送別会で、新庄はあいさつに立っています。同席者の一人はその内容を鮮明に記憶していました。「日米の国力差は〝一対二〇〟だと、確信のある言葉で朗々と述べていました。〔中略〕驚いたのは、それらのデータを基に、その場ではっきりと、〝開戦すれば日本は負ける〟と、いきなりぶったんです。軍人の新庄さんがですよ。思わず、瞬間、出席者の全員が凍り付いてしまいました」（同一四五）

新庄はその夜かなり酔って「数字は嘘をつかないが、嘘が数字をつくる」と繰り返しこぼしたとのことです。

ニューヨーク滞在中から徐々に体調を崩しはじめた新庄は、ワシントン勤務となって感冒を悪化させ一一月には緊急入院するまでに至ります。ついに一二月四日、新庄は当地で還らぬ人となりました。アメリカ時間でいえば、真珠湾攻撃の三日前です。まだ四四歳の若さでした。

無謀な戦争を食い止めるために孤軍奮闘し彼の地で病没した新庄健吉の存在には、粛然と襟を正したいと思います。

ながーい法律名

さて、小説では墓参りをすませた鮎川と庭野は、日暮里駅近くの居酒屋で杯を傾けます。そこで鮎川は、風越が目指す官民協調行政実現のための新法への熱い思いを庭野に語ります。

「何しろ、戦後最大の立法だ。経済の運営全般にかかわろうという法律だからな。対症療法ばかりやっている中に、日本経済全体が底冷えしそうになってきた。そこで、一挙に体質改善をやろうというわけだ」〈中略〉「大きな夢だよ。おやじさんがとりつかれただけのことはある。企業局だけを走らせてはあかん。おれも一心同体の気持だ。全省一丸となって、旗あげするんだ」〈一三四―一三五〉

待ちに待った牧が帰国すると、企業局を挙げて新法立案作業が本格化します。若手のキャリア組も投入されます。その新法の名称をどうするかで早くも議論は紛糾します。「官民協調行政法」、「協調経済法」、「混合経済法」、そして最終案は「対外競争力強化法」と法案名はくるくると変わっていきます。牧は風越に相談しますが、「法律名なんて、要するに符丁だ」〈一三八〉と取り合ってくれません。

省議に諮られた折、繊維局長から通商局長に回った玉木が、この最終案で決まれば国際的に誤解を与えかねないと反対します。池内経産相時代に自由化路線に賛成したあの玉木です。風越は法案名にはこだわりをもっていませんでしたので、「対外競争力強化法」をあっさり取り下げました。それゆえ、「指定産業振興法」という無難で平凡な名称で決着をみました。第三章でも言及したように、実際の名称は「特定産業振興臨時措置法」(特振法)でした。

このように、特振法は通産省内で法案名が二転三転しますが、国会に提出され衆院本会議で可決した法案名が、参院の審議で変更された事例もあります。一九九七年六月六日、衆院本会議で市民活動促進法案が可決され、参院に送られます。この通常国会では継続審査の手続きがとられ、同年秋の臨時国会で参院内閣委員会で審議されるはずでした。ところが、参院自民党の幹部から、「市民活動」という言葉は「国家、国民が軽視されるような印象を与える」など疑問の声が上がりました(一九九七年一一月一三日付『朝日新聞』)。また、それまで「市民活動」の文言が入っている法律はありませんでした。いまでも、内閣府設置法と中央省庁等改革基本法に一か所ずつあるだけです。

そのため、内閣委員会はこの法案について、その趣旨説明と継続審査の手続きのための二回しか開かれませんでした。当時は自民党の第二次橋本龍太郎内閣改造内閣を社民党と新党さきがけが閣外協力で支えていました。成立を急ぎたい社民党とさきがけは法案名称の変更で自民党に譲ります。その結果、「市民活動促進法」は「特定非営利活動促進法」と法案名が修正されてようやく一九九八年三月四日に参院本会議で可決、それが衆院に送られ一九日に衆院本会議で可決、成立しました。

法律名称の付け方に特段の決まりはありません。もちろん、「簡潔にして要を得て、中身をよく表すこと」が基本でしょう。責任逃れに詳しく書くというのは困りものです。

とはいえ、長い名称の法律もあります。二〇〇六年一〇月に成立した「平成十三年九月十一日のアメリカ合衆国において発生したテロリストによる攻撃等に対応して行われる国際連合憲章の目的達成のための諸外国の活動に対して我が国が実施する措置及び関連する国際連合決議等に基づく人道的措置に関する特別措置法の一部を改正する法律」は、一二二文字もありました。テロ対策特措法の改正法のことです。

この法律は翌二〇〇七年一一月に失効しました。現行法で一番長いのは、「日本国とアメリカ合衆国との間の相互協力及び安全保障条約第六条に基づく施設及び区域並びに日本国における合衆国軍隊の地位に関する協定及び日本国における国際連合の軍隊の地位に関する協定の実施に伴う道路運送法等の特例に関する法律」でしょう。一一〇文字にも及びます。「一部を改正する法律」を末尾に付けたものでもっと長いものがあるかもしれませんが。

第二次橋本内閣改造内閣では、法案名をめぐってもう一つエピソードがあります。一九九八年二月一〇日の閣議後の閣僚懇談会で、島村宜伸農水大臣がその日閣議決定した法案の名称が長すぎると言い出したのです。内閣提出法案を審査する最終責任者である大森政輔内閣法制局長官は、「短くしたいが、省庁が、こうしてくれと言うので、なかなかできない。閣僚は努力を」と切り返しました（一九九八年二月一一日付『読売新聞』）。

ちょうど農水省の外局である水産庁は翌週の閣議で、「原材料の供給事情及び水産加工品の貿易事情の変化に即応して行われる水産加工業の施設の改良等に必要な資金の貸付けに関する臨時措置に関する法律の一部を改正する法律」案という七八字もある法案を閣議に上げる予定でした。大臣のクレームに水産庁はさっそく対応し、この法案は「水産加工業施設改良資金融通臨時措置法」案と一八字に短縮されました（一九九八年二月一七日付『読売新聞』）。

「遊ぶ人」

池内内閣の内閣改造により、須藤恵作が通産大臣として乗り込んできました。もちろん、須藤とは佐藤栄作のことです。実際、佐藤は第二次池田内閣第一次改造内閣の通産大臣として、一九六一年七月からちょうど一年間その任にありました。

通産省としては、庭野が「無定量・無際限」に事務秘書官として仕えた池内以来の大物大臣を迎えることになりました。須藤の要望で、須藤の事務秘書官には庭野と同期の片山が就きました。片山は二回飛び級しているので、年齢は庭野より二つ下になります。年齢はともかく、年次としては遡ることになり、片山はおもしろくないはずですが、それはおくびにも出しません。それどころか、産業資金課長に栄転した庭野に秘書官の仕事内容を尋ねにいきます。

「秘書官心得を」といわれて庭野がまず思い当ったのが、池内信人の言葉である。

「秘書官というのは、無定量・無際限に働くものだ」

それを伝えると、片山は目をまるくして笑った。

「ご冗談でしょう」〈中略〉

片山は涼しい顔で、さらにいった。

「それに、須藤さんは、そんな人づかいの荒いひとには見えませんよ」

〈中略〉片山がそのつもりで居るなら、もう何も教えることがない気がした。黙っていると、

片山は部屋の中を見回すようにして、

「ここは、みなさん、働きすぎですね。そろって顔色がよくない。もっと休みをとって、遊ばなくちゃ」〈一四六―一四七〉

通商産業省ならぬ通常残業省が通産省の別名でした。それにしても、片山の最後の発言は時代先取り的です。

オランダの歴史学者ヨハン・ホイジンガは、「ホモ・ルーデンス homo ludens」という人間観を提唱しました。ラテン語で homo は人間を表し、ludens は ludo（遊ぶ）から来ています。すな

わち「遊ぶ人」です。ホイジンガは遊びに人間活動の本質を見出し、文化を育む根底には遊びがあるとしたのです。「あいつは遊んでばかりいる」というのは決してほめ言葉ではありませんが、ホイジンガは「人間文化は遊びのなかにおいて、遊びとして発生し、展開してきた」と主張します（ホイジンガ　一九七三：一二）。

ホイジンガいわく「遊びの「面白さ」は、どんな分析も、どんな論理的解釈も受け付けない」（同一九）。元陸上競技選手の為末大は、この言葉に出会って陸上競技観が変わったといいます。野球の試合は〝Play ball〟と審判が宣告してはじまりますが、これを直訳すると「球遊びをせよ」です。スポーツと遊びは不可分の関係にあります。ところが、baseball が日本に輸入されると、ロバート・ホワイティングが『菊とバット』で描いたように、精神主義のはびこる「野球道」なる別物へと変質します。科学性を無視した「猛練習」が美徳とされます。

かつて巨人でプレーしたウォーレン・クロマティは、プロでも投げ込みばかりの練習や連投を辞さない投手起用が珍しくないことに、「俺には頭がおかしいとしか思えない」（クロマティ、ホワイティング　一九九一：四三）とさえ言います。同じ巨人の投手だった桑田真澄は、驚くべき告白をしています。

「「練習中に水を飲むとバテる」と信じられていたので、私はＰＬ学園時代、先輩たちに隠れて便器の水を飲み、渇きをしのいだことがあります。手洗い所の蛇口は針金で縛られていましたか

ら」(二〇一三年一月一二日付『朝日新聞』)。

そういえば、スポ根アニメの代表作で、私もテレビにかじりついてみていた『巨人の星』の主題歌の二番にこうあります。「腕も折れよと投げゆく闘志　熱球うなるど根性」。いくら「根性」があっても、腕が折れては投球できません。「竹槍でB29を墜とせ」を連想させるような、合理的根拠なき根性論がまだまかり通っているのでしょうか。

「遊び」を苦行に変換する文化的装置が、日本社会にはビルトインされていると考えざるを得ません。

それにあらがうかのように、「お上」は国民の祝日を戦後一貫して増やしてきました。国民に「遊び」の時間、余暇のための時間を増やしてきたのです。

国民の祝日に関する法律(祝日法)が制定されたのは、一九四八年七月二〇日です。このとき定められた国民の祝日はわずか九日でした。いまや一五日に増えています。二〇一六年から八月一一日が「山の日」となり、祝日数は一六となります。一九七三年の祝日法改正で振替休日の制度ができ、祝日が日曜日と重なっても祝日の日数分だけ休めるように変わりました。さらに、一九八五年の祝日法改正で、国民の祝日にはさまれた日は休日となりました。二〇〇〇年から導入されたいわゆるハッピーマンデー制度による祝日の移動と連動して、六年に一度は九月に「シルバーウイーク」とよばれる大型連休が秋に出現します。それに当たる二〇一五年は一六日が法定休日になります。週休二日制も完全に定着しています。

いまも変わらない「超長時間労働」

確かに、制度としては国民が「遊び」に割ける時間は飛躍的に増大しました。厚生労働省による「毎月勤労統計調査」（「毎勤」）に基づき算出された、事業所規模三〇人以上の労働者一人平均年間労働時間は、一九八七年の二一一一時間から二〇一二年には一八〇八時間へと大きく減少しています。しかしこれは実態を反映しているのでしょうか。

実は「毎勤」には、「事業所の賃金台帳に記載された賃金の支払われた労働時間を集計していて、男性の正社員に多い長時間の賃金不払残業（サービス残業）を把握していない」（森岡二〇一一：二）致命的欠陥があるのです。総務省の「労働力調査」（「労調」）は、労働者個人からの実際の就業時間に関するアンケート結果をもとに作成されますので、サービス残業も含めて集計されます。「労調」で同じ期間をとると、約二四八〇時間から二〇九六時間に減っていることになります。

いずれの調査でも日本の労働者の労働時間はこの二五年間で少なくなっています。ただし、これには非正規労働者の増加が大きく寄与しています。この期間に非正規労働者は一七・六％から三五・二％へとおよそ二倍に増えました。同時に、全労働者に占める週三五時間未満の労働者比率も一一・六％から二六・八％にはね上がりました。そのため、全労働者でならせば年間労働時間は減少しているのです。言い換えれば、正規雇用の、とりわけ男性正社員の労働時間は減ってはいません。総務省「社会生活基本調査」の二〇一一年調査に基づけば、男性正社員の年間労働時間は約二七五六時間でした。

過労死事件の被災者の年間労働時間は三〇〇〇時間が目安とされます。土日と祝日をきちんと休んだとすると年間勤務日は約二五〇日ですので、割り算すれば一日一二時間労働になります。当然これに通勤時間が加わります。「労調」によると二〇一二年に週平均で六〇時間、年間で三一二〇時間働いている労働者は男女合計で四九〇万人おり、これは男女労働者総数の八・九%に当たります。「超長時間労働者」ないしは「過労死予備軍」です。

川人(二〇一四)の第一章に紹介されている過労自殺の事例を読むと、胸を締めつけられます。真夏に休日なしで一か月以上働かされた二四歳の化学プラント工事監督者、三三時間連続勤務をさせられた二七歳のシステムエンジニア、睡眠時間が四時間程度しかとれず「出勤前に朝食をとる余裕もなくなってきて、家族が自宅から最寄りの駅に車で送ってくれている間に車中(七~八分)で母の作ったおにぎりを食べるということも多かった」(同三二)二六歳の金融機関女性総合職などなど。超長時間労働にパワハラが加わって、彼ら/彼女は自ら命を絶ちました。

とりわけ、その女性総合職の上司は部下に電通の社訓「鬼十則」を配付していたのだそうです。その第五条には「取り組んだら「放すな」、殺されても放すな、目的完遂までは」とあります。

まさに『巨人の星』顔負けの不合理な精神論の極致です。ブラック企業に限らず、似たような社風の会社はまだまだ少なくないはずです。

こうした状況に置かれた人びとにとっては余暇など別世界の話でしょう。国会議員は人気取りのために休日を増やすよりも、労働時間の規制強化に真剣に取り組むべきです。そのためにもまず、自ら決めた質問の事前通告ルールを厳守して、官僚たちに強いている「国会待機」というばかげた長時間労働を一掃しなければなりません。ルール形骸化の現状は第一章で述べました。「遊び」が文化を生み出す。片山のいう「もっと休みをとって、遊ばなくちゃ」をだれもが実感できる社会の到来は、いつになるのかとため息が出ます。

小説には書かれていませんが、そんな片山を嫌っていた風越こと佐橋は、前述のとおり、退官後しばらくして余暇開発センター理事長に収まります。最後は片山を認めたようで、ちょっとニヤリとする出来事でした。佐橋は「私の考える余暇開発は人間の生き甲斐開発である」（佐橋一九七二：二六〇）と書いています。超高齢社会となった現代日本にまさに必要な視点でしょう。

「大臣、それでも、あなたは実力者なんですか」

一局長が大臣にこのような啖呵を切る。この小説のハイライトシーンの一つです。予算編成期を迎え、通産省は風越企業局長の下、新規予算要求を「工業用地の整備事業」という相当の予算を必要とする新規事業の一点に集中しました。その狙いの一つが乱立気味の零細工場の統合整備にあり、それは指定産業振興法へと結びつく布石でした。須藤大臣もその意を汲んで、最終盤では大臣室に簡易ベッドを運び入れ、三泊を過ごす力の入れようでした。登退庁ランプ盤の「大臣」ランプはずっと灯ったままでした。通産省はこの予算獲得に全省一丸となりました。

ところが、予算獲得を決めに行った大臣折衝から戻ってきた須藤は、「あの予算は、結局、あきらめたよ」〈一五七〉とこともなげに言ったのでした。そこで風越にあの罵声を浴びせられたのです。

これは実話で、佐橋自身の回想にもこうあります。

「大臣に対して失礼とは思ったが、ふんまんやる方なく〝それで実力大臣ですか〟といった。さすがの大臣も、色をなして黙ったまま大臣室へ引きとられた」（佐橋 一九六七：二三九）

佐橋は次の朝、佐藤大臣と鉢合わせします。

「翌朝通産省のエレベーターの所で、大臣にひょっこりお目にかかった。大臣は「佐橋まだ怒っとるか、ほかのところで三億ばかりとってやったから機嫌を直せ」「冗談じゃないですよ。思いきりなぐられてあめ玉一つぐらいで機嫌が直りますか」／僕自身、生来ののん気坊だし、昨夜はいくらなんでも、いいすぎたと思っていたので実際機嫌は直っていたし、むしろ気を使っていただける大臣の気持には感謝していた」（同）。

部下に「暴言」を吐かれた佐藤はどう感じていたのか。『佐藤榮作日記』が刊行されていますが、残念ながらこの「事件」が起こった一九六一年の日記は六月四日（日）までしかつけられておらず、記載が再開されるのは翌年元日からです。

ゴルフ好きな政治家たち

風越から面罵されたあとしばらくして、須藤通産大臣は事務秘書官の片山と湘南海岸の丘陵地帯に造成された名門ゴルフ場に出かけます。

須藤はくせのないゴルフをした。大臣としては、上々の腕前であった。
ただ、片山は、さらにそれより腕がよかった。カナダ在勤中、ただ気ままにプレイするのでなく、プロについて、みっちり腕をみがいた。〈中略〉「なかなか、やるなあ」と、須藤。気をわるくする風ではない。その須藤のゴルフは、また、無理をしない、とりこぼしのないゴルフであった。政治家のゴルフは荒っぽいのが多いが、須藤のそれは、むしろ銀行家のゴルフを思わせた。〈二五九〉

実在の佐藤は大のゴルフ好きでした。『佐藤栄作日記』を読むと、週末にゴルフに出かけていることがなんと多いことかと驚かされます。通産大臣として迎えた一九六二年の正月には三日、四日と二日連続でラウンドしています。また、「政治家のゴルフは荒っぽいのが多い」典型は田中角栄でしょう。「夏場には軽井沢72ゴルフで、早朝から三ラウンドをこなす〝駆け足ゴルフ〟が日課だった」とのことです（中澤 二〇一三：九五）。

田中角栄といえば、三国山脈をダイナマイトで爆破して、残土は日本海に投じて新潟と佐渡を地続きにするとぶちあげた逸話は有名ですが、ゴルフ場にまつわる「卓抜した」アイディアも抱いていました。

「オヤジさんは大地震に備えて「東京二十三区すべてにゴルフ場を造れ！」と真剣に言っていた。災害時の避難場所になる上、緑地が火事の延焼を防ぐ。さらにグリーンを畑代わりにして食糧だって作ることができる。「必ず命をつなぐ。真剣に考えるべきだ。そうじゃないと、首都は悲惨なことになるぞ！」」（同 九八）

角栄らしい発想に苦笑するほかありません。ちなみに、私が学生時代に政治学を教わった先生は、ゴルフやゴルフ場を舞台にした政治家たちの密談が大嫌いでした。もし自分が都知事になったら都内のゴルフ場をすべて廃止すると放言されていたほどです。

いずれにせよ、ゴルフと因縁が深い首相といえば森喜朗元首相でしょう。二〇〇一年二月一〇日、「えひめ丸事故」とよばれる悲劇が起こりました。愛媛県立宇和島水産高校の実習船「えひめ丸」がハワイ・オアフ島沖での実習中に、浮上してきたアメリカ海軍の原子力潜水艦と衝突して沈没した事件です。実習生四人、指導教官二人、乗組員三人の合わせて九人が死亡しました。

折悪しく、森首相はそのころゴルフのラウンド中でした。事故の第一報が入ってもゴルフを続けたとして、危機管理意識の欠如を強く批判されました。低空飛行を続けていた第二次森内閣改造内閣の支持率はさらに落ち込みます。ついに、二〇〇一年四月には退陣に追い込まれます。もっとも、森首相にも言い分があります。議員退職後、彼は次のように記しています。

「私に入った第一報は「日本の船が事故にあった」程度だった。「詳細がわかるまで、そこで待っていてください」とアドバイスされた。ゴルフはハーフで中止して東京に戻り、途中、世田谷の自宅に立ち寄って、着替えをしてから首相官邸で事故対応にあたった。〔中略〕メディアは私を「事故の第一報が入ったのに、ゴルフを続けて対応が遅れた」と徹底的にたたいた。テレビはえひめ丸の事故映像と私がゴルフをしている映像を対比して繰り返し流し続けた。私の映像は事故と全く関係のない、半年前の夏の麦わら帽子をかぶった季節はずれのものだった。民放だけでなくNHKまで執拗に「えひめ丸」と夏のゴルフ姿を並べて私を批判した」（森 二〇一三：二三〇—二三一）。

いまでこそ「危機管理」については、『危機管理学』というタイトルの本が出されるほど研究が進んでいます。とりわけ「3・11」を大きなきっかけとして、「危機管理」は自治体関係者には周知の言葉となり、それへの社会の関心も飛躍的に高まりました。しかし、「えひめ丸事故」当時はそのような意識を首相なり官邸なりが共有していたかは疑問です。メディアによる強引な映像構成を含めて、その点で森元首相の気持ちにも多少汲むところはありそうです。

二〇一四年八月二〇日未明に広島市北部で大規模土砂災害が発生し、七四人もの命が失われました。同日四時二〇分には首相官邸に情報連絡室が設置されます。山梨県の別荘で夏休み中だった安倍首相も六時三〇分に「政府の総力を挙げて、被災者の救命・救助などに全力で取り組む」などと関係省庁に指示しています（二〇一四年八月二一日付『朝日新聞』）。

ところが、その一時間後、首相は富士河口湖町のゴルフ場「富士桜カントリー倶楽部」でゴルフをはじめます。森元首相がいっしょだったことに偶然以上のものを感じてしまいます。首相がゴルフ中止を「即決」し、ゴルフ場を出るのが九時一〇分です。この際、森元首相が「あの時は大変なことになった。早く戻った方がいい」と助言したといいます（二〇一四年八月二一日付『中日新聞』ほか）。

安倍首相のゴルフと毛沢東の水泳

安倍首相も相当にゴルフ好きのようです。単に「お友だち」との娯楽のためだけとは思えません。一度は手にした首相の座を体調不良で投げ出したことから、健康をアピールする意図もあるのでしょう。中国の最高指導者だった毛沢東は水泳が大好きでした。一九六六年七月一六日、七二歳の毛沢東は長江を一時間以上も泳いでみせ、健在ぶりをアピールしました。遊泳の写真は新華社通信によって配信され、世界を驚かせました。一部からは偽造写真の疑いも浮上しました。実はこの「長江遊泳」は周到に計算された、プロレタリア文化大革命の発動を予示する「広告」だったのです。八月五日、毛沢東は「司令部を砲撃せよ」と題した大字報（壁新聞）を発表し、八月一八日には天安門広場に百万人の紅衛兵が集結するのです。

政局の要所で、首相がゴルフ場を舞台装置として用いることもあります。二〇一四年四月六日には、安倍首相は公明党の北側雄一副代表らとゴルフをしています。そして、同月八日夕には首相公邸で公明党の漆原良夫国対委員長らと会食しています。両者は連動していると考えるべきでしょう。集団的自衛権行使容認を渋る公明党幹部に、首相の強い意思を伝えたに相違ありません。

ところで、『チャップリンのゴルフ狂時代』（一九二一）という映画があります（劇場公開時のタイトルは『のらくら』）。ゴルフに興じるブルジョアたちへの風刺の効いた批判が笑いを誘う小品の傑作です。政治家たちのゴルフもどこか不健全さを感じます。この映画のラストシーンでチャップリンがしたように、ゴルフに夢中になるオヤジ政治家どもの尻を蹴飛ばしたくなります。

大臣の人事介入

大物大臣の須藤が風越から予算獲得に失敗したことをなじられたのは、前述のとおりです。それでも、須藤は人事で風越に意趣返しするような狭量な政治家ではありませんでした。

「人事の須藤」といわれながら、通産省の人事については、ほとんど手を触れようとしなかった。それは、須藤の政敵である政党政治家海野市郎が、大臣としてのりこんだ農林省で、「海野人事」と呼ばれるほど大幅の人事異動を行い、霞が関かいわいを震撼させたのとは、きわめて対照的であった。〈一六三―一六四〉

実際に佐藤栄作は巧みな人事を展開しました。

「佐藤の人事の冴えは、トカゲの尻尾切りなんだ。〔中略〕しかし、首を切ったあとで、みんな面倒を見ている。そこが人事の佐藤と言われるところなんだ。〔中略〕平気で切って、ちゃんとまたあとで処遇をする。ずいぶん切られているよ」(後藤ほか 一九八二：二四〇―二四一)。

確かに、荒船清十郎、船田中、石井光次郎、西村直巳、さらに倉石忠雄と、佐藤が切った大臣や衆院議長は少なくありません。ただ、彼らが不満を引きずらないように、切りっぱなしにせずしかるべく処遇をしているところが「人事の佐藤」たる所以です。

このやり方を学んだのが、竹下登元首相でしょう。彼は上述のとおり、第一次佐藤内閣で官房副長官を務めました。竹下はわずか一か月未満で総辞職した第二次田中角栄内閣第二次改造内閣では官房長官でした。「このときに大臣にした人は、僕は当然責任を感じて(再び大臣にするなど)損失補填をやりましたわね。時間をかけて」(竹下 二〇〇一：一二〇)。一九八九年、リクルート事件で竹下は首相を引責辞任します。急遽成立した宇野宗佑内閣も六九日間という短命内閣でした。

宇野内閣の閣僚名簿を実際につくったのは竹下で、やはり「責任」を感じたのでしょう。このときも「損失補填をしなければ」と考え、それを行ったといいます（同一二二）。大臣や党の要職ポストを「公平」に配分することで、党内の求心力を維持したのです。

また、佐藤の組閣方針が派閥のサイズと大臣ポストについて「比例配分が実にぴったりしている」（後藤ほか 一九八二：二四二）点も、各派閥に不満を抱かせない配慮でした。これに当選回数を加えることで、自民党の大臣人事は制度化されていきます。

「河野人事」

海野市郎が河野一郎を擬していることは明らかです。須藤こと佐藤栄作が官僚から政界入りした官僚派だったのに対して、河野はたたき上げの政党政治家でした。これを党人派といいます。大臣歴も抱負で、鳩山一郎が首相の座にあった二年間一貫して農林大臣として入閣し日ソ国交回復に大きな功績を残しました。河野は一九六五年七月に六七歳で急逝しますが、もし健在だったならば佐藤の長期政権はなかったかもしれません。「人事の佐藤」の唯一の不安材料でした。

その河野が、第二次池田内閣第一次改造内閣に農林大臣として再び入閣したとき、電撃的に行った省内人事は「河野人事」として知られます。河野は一九六一年七月一八日に就任すると、二一日にはまだ七か月あまりしか在任していない小倉武一農林事務次官を退任させせ、西村健次郎水産庁長官を事務次官に起用しました。西村は水産行政のエキスパートで水産課長、水産庁次長、同長官とキャリアを積み上げてきました。「農政派」が主流の農林省にとって異例の人事でした。そして、西村の後を襲って水産庁長官に就いたのが、農地局長だった伊東正義農地局長でした。同時に、須賀賢二食糧庁長官も退任させ、後任には安田善一郎畜産局長を充てます。「それにともなって部課長クラスが二、三十人ぞろぞろ変わって、一時は課長クラスは戦々恐々としていました」（『週刊新潮』一九六二年九月三日号：三四―三五）。

「河野人事」で栄転した彼らはいずれも、「十五日会」という河野を取り巻く高級官僚グループのメンバーでした。河野は一度目の農相時代から河野系人脈を扶植していたのです。

そのうちの一人である伊東は一九六三年に政界入りし、晩年には「総理のイスを蹴飛ばした男」として名を上げます。前出の一九八九年の竹下辞任に際しては、後継の総理総裁として伊東擁立で自民党内はまとまります。にもかかわらず、伊東本人は、「本の表紙だけ変えても、中身が変わらなければダメだ」（国正二〇一四：一七九）と発言して、最後まで受けませんでした。

河野は第二次池田内閣第二次改造内閣で建設大臣に横滑りします。そこでも「河野人事」を断行して、それまでの事務官、技官それぞれの指定席ポストを廃して、両者の人事交流を図りました。

「通産省四人組事件」

通産省でもかつて大臣が幹部人事に介入して省内を混乱させたことがあります。「通産省四人組事件」と俗称される一件です。

一九九三年八月に成立した細川護熙内閣で、新生党の熊谷弘が通産大臣に就任しました。同年一二月一六日、熊谷大臣は次期通産事務次官就任が有力視されていた内藤正久産業政策局長に辞任を求めました。最も大きな理由は、棚橋祐治前通産事務次官の長男で通産官僚の泰文が同年七月の総選挙に立候補するため辞める直前に、異例の昇進をさせたというものでした。泰文の退職は一月一日付でしたが、二九歳の彼はその一週間前に課長補佐から大臣官房総務課企画官に昇格しました。企画官になるには考えられない年齢であるばかりか、このポスト自体新たに置かれたのでした。泰文に対する箔つけ人事だったのです。当時の官房長が内藤で、事務次官が棚橋祐治でした。

内藤は当初、辞職勧告には従わず、罷免された場合には人事院に不服審査を申し立てると争う姿勢を示しました。中堅キャリアや幹部数人も「人事権への不当介入」だと辞表提出も辞さない強い抗議の意思表明を行いました。実は、今回のような箔つけ人事は省内で半ば慣例化されていました。通産官僚出身の熊谷大臣自身、一九七七年の参院選に出馬するために退職する直前に、課長補佐から中小企業庁施設普及室長に栄転しています。

結局、内藤は一二月二四日付で退官します。予算編成が大詰めを迎える時期に省内をこれ以上混乱させたくなかったのでしょう。

省内を揺るがせたこの異例の人事は、熊谷大臣の一存で決められたはずはありません。当時、通産省には実力者だった棚橋に連なるグループとそれに対抗するグループとの間で幹部人事をめぐる対立があり、内藤は前者に属していました。彼を追い落とそうとしたのが、反棚橋派の「四人組」といわれた幹部たちです。棚橋派が自民党の梶山静六元通産大臣を後ろ盾にしていたのに対して、「四人組」は細川内閣を事実上支えていた小沢一郎新生党代表幹事と結びつきを強めます。そして、小沢の側近である熊谷大臣を動かしたという筋立てです。通産省を舞台にした、小沢対梶山という旧田中派の領袖で袂を分かった二人の代理戦争の要素もあったのです。

もちろん、国家公務員法第五五条に基づき、各府省の人事に関して任命権者は各府省の長である大臣（内閣府では首相）です。従って、法的には河野や熊谷のように大臣の意思で、従来の「順当人事」を覆すことは可能です。しかし反面、省内に大きな禍根と亀裂を残すことになります。その一方で、「トコロテン人事」ばかりに委ねていては任命権者は形式的な存在にすぎず、「官僚主導」から脱皮できません。「政治主導」の人事管理を目指した動きは、二〇〇一年一月の中央省庁再編からはじまります。

幹部人事の一元管理へ向けたあゆみ

二〇〇一年一月の中央省庁再編までは、各省庁の事務次官をはじめ幹部職員の人事は閣議了解事項でした。内閣の意思決定の方式としては、閣議決定と閣議了解があります。前者は重要な政策に関する事項などについて決定する場合に採られる方式で、全会一致が慣例で閣僚全員が閣議決定書に署名します。それに対して後者は、各大臣の権限で決定できるのですが、案件の重要性や影響の大きさなどから内閣として了解しておく必要がある事項について採られます。

中央省庁再編に伴い、政府が幹部人事により責任をもつべきだとして、その人事は閣議決定事項に格上げされました。二〇〇〇年一二月一九日の閣議決定「事務次官、局長その他の幹部職員の任免に際し内閣の承認を得ることについて」で、「事務次官、局長その他の幹部職員の任免を行うに際しては、あらかじめ閣議決定により内閣の承認を得た後にこれを行うこととする」と決められました。

その後、第一次安倍内閣が二〇〇七年七月に「公務員制度の総合的な改革に関する懇談会」を設置します。社会保険庁の五〇〇〇万件もの「消えた年金記録」問題で業を煮やした安倍首相は、同月二四日に開かれたこの懇談会の初会合で、こうあいさつしました。「日本の官僚機構は優れた成功モデルの一つだが、官僚主導で政策を決定する時代ではない。社会保険庁に象徴される公務員の体質が、国民の不信の対象となっている。私の内閣で必ず新しい制度をつくりたい」（二〇〇四年七月二四日付共同通信配信記事）。幹部職員の任免をめぐる議論もここで行われます。

せっかく強い意気込みを述べた安倍首相ですが、その約二か月後の九月二六日には退陣を余儀なくされます。それでも懇談会は議論を続け、二〇〇八年二月五日に報告書を提出します。その一二頁に「内閣人事庁（仮称）の創設」との項目があり、「内閣人事庁は（中略）本省管理職以上の人事の調整、指定職の適格性審査などの一元管理等を行う」と記されました。指定職とは事務次官、局長などの幹部職員を指します。

これに基づいて、福田康夫内閣は二〇〇八年四月に国家公務員制度改革基本法案を国会に提出し、同年六月に同法は成立しました。内閣人事局の設置については、第一一条に規定されました。「政府は、次に定めるところにより内閣官房に事務を追加するとともに、当該事務を行わせるために内閣官房に内閣人事局を置くものとし、このために必要な法制上の措置について、第四条第一項の規定にかかわらず、この法律の施行後一年以内を目途として講ずるものとする。」追加された事務とは、同法第五条第四項に掲げられた「幹部職員等について、適切な人事管理を徹底するため」の事務を指します。

その上、同法第一三条は、「国家公務員制度改革を総合的かつ集中的に推進するため、内閣に、国家公務員制度改革推進本部（以下「本部」という。）を置く。」としました。本部長は首相です（第一六条）。推進本部は同法二一条により設置から五年までが設置期限とされました。

推進本部は内閣人事局の設置を盛り込んだ国家公務員法等の改正案を作成し、時の麻生太郎内閣はこれを閣議決定し二〇〇九年の通常国会に提出します。ところが、ねじれ国会のため法案は成立しません。推進本部はそのまま二〇一三年七月の設置期限を迎えてしまいます。推進本部の最後の会合となった同年六月二八日開催の第一一回で、「今後の公務員制度改革について」が決定されます。そこでは、「今後の国家公務員制度改革の考え方」として、麻生内閣の改正案を基本とする旨が書かれ、具体的に幹部人事の一元管理や内閣人事局の設置などが列挙されています。

内閣人事局の発足

二〇一三年七月の参院選の結果、ねじれ国会は解消され、安倍首相は当初の「安全運転」から安倍カラーを鮮明にした政策を打ち出すようになります。それは言い換えれば、第一次内閣でかけ声倒れに終わった政策を成し遂げることでした。集団的自衛権行使容認への憲法解釈変更はその代表例です。前述のとおり、官僚主導を克服した新しい制度の確立も第一次内閣で緒を付けた政策でした。

第二次安倍内閣は二〇一三年一一月五日に、内閣人事局の新設などを規定した国家公務員制度改革関連法案を閣議決定しました。これによれば、各省庁のおよそ六〇〇人の幹部人事を内閣が一元管理することになります。官邸主導による政策遂行が目的でした。この法案は同年一二月三日に自民・公明・民主の三党が修正に合意し、修正法案が二〇一四年の通常国会に提出され四月一一日に成立しました。それを受けて、五月三〇日に内閣人事局が発足し、初代局長には加藤勝信内閣官房副長官（政務・衆院議員）が就きました。これも政治主導をアピールするためです。これを報じた翌日付『朝日新聞』は、「官邸の『お気に入り』だけが出世すれば、職員全体の士気低下につながりかねない」との厚生労働省幹部の不安げなコメントを報じました。

第一章で、女性キャリア官僚六人が、国会対応で帰宅が明け方近くになる異常な勤務形態の是正を自民党議員らに直訴した一件を紹介しました。彼女たちの勇気ある行動はさらに続きました。就任間もない加藤内閣人事局長に対して、子育てとの両立を可能にするため残業を前提にしない新たな働き方を代案として示しました。加藤局長は「経験豊富な皆さんの提言を取り込みたい。資質の高い女性たちが公務員を目指してくれる好循環につながる」と応じたといいます（二〇一四年六月二七日付『朝日新聞』）。

もし彼女たちの提言が実現すれば、それだけでも内閣人事局を設置した価値はあると思います。二〇一四年七月四日、内閣人事局発足後初の中央省庁の幹部人事が発令されました。女性幹部を倍増させた以外は従来どおりの順当な人事となり、前出の厚労省幹部の懸念は杞憂に終わった結果となりました。とはいえ、今後もこれが続けば内閣人事局の存在自体が問われかねません。風越が人事カードを配して理想の人事のあり方を熟考したような役所として、内閣人事局は機能するのでしょうか。

第五章　権限争議

します。

共通の趣味を口実に使う

池内内閣が二度目の内閣改造を行い、大物大臣だった須藤は閣外に去り、代わって古畑が通産大臣に就任します。基本的に「よきにはからえ」だった須藤と異なり、古参議員にして初入閣の古畑はやや前のめりで、省議でも積極的に発言しました。風越が念願する協調経済体制の立法化にとって、古畑の扱いを誤るとやっかいなことになると察知した秘書課長の鮎川は、風越に諫言します。

「おやじさん、今度の大臣には、少し口を慎んで下さい。あの方は、まじめ一方のひとで、皮肉やユーモアは通じません。海千山千のひとを相手にするのとはちがいます。けんかを売っては困りますよ」〈中略〉

「気になることですが、古畑さんは、代議士の中では、いちばん将棋が強い。そして、特許庁の玉木長官も、将棋はうまい〈中略〉玉木長官は、大臣とは将棋仲間なんです。いまにはじまったことではないんですがね」

「ふん、つまらぬ」〈一六六―一六八〉

ゴルフ好きな政治家については前述しましたが、囲碁・将棋に目がない政治家も少なくありません。ハマコーこと浜田幸一元衆院議員は大の囲碁好きでした。現職きってとなれば小沢一郎衆院議員でしょう。菅直人元首相もなかなかの腕前です。二〇〇三年七月、当時の菅民主党代表と小沢自由党党首が両党合併の合意文書に署名し、九月に自由党が民主党に吸収される形で合併します。いわゆる民由合併です。そして迎えた一一月の総選挙で、民主党は解散前議席を四〇議席上回る一七七議席を獲得する躍進を遂げます。実は、菅・小沢の両者は合併の一年前に囲碁の対局の機会を何度かもち、合併に向けた腹の探り合いをしていたのです。

菅と小沢が単に会談したとなれば露骨すぎます。民由両党に「心の準備」をさせるには、両者が場を共有する別の理由が必要なのです。共通の趣味は格好の口実になります。

たちあがれ日本が平沼赳夫衆院議員と与謝野馨衆院議員を共同代表として結党されたのは、二〇一〇年四月のことです。その七月の参院選で与党民主党は敗北し、国会は再びねじれ国会になります。政権運営に苦慮していた菅首相は一一月になって、たちあがれ日本との連立を模索します。首相は交渉相手を与謝野に定めて、一一月一八日に首相官邸で会談をもちます。与謝野も政界で一、二を争う囲碁好きでした。一二月に入ると、与謝野がもちかけて小沢との公開囲碁対局が一九日に行われることが「2日、わかった」と報じられます（二〇一〇年一二月三日付『読売新聞』）。そこには何らかの政治的意図があったとみるべきでしょう。連立推進派であった与謝野が、たちあがれ日本の党内に向けたメッセージではなかったのか。

ところが、たちあがれ日本は一二月二七日に議員総会を開いて、連立入り拒否の方針を固めます。賛意を示したのは与謝野だけでした。

年が明けると、民主党は与謝野の一本釣りに乗り出します。一月一四日、菅首相は二度目の内閣改造を行い、与謝野を経済財政政策などを担当する内閣府特命担当大臣として入閣させたのです。当時の心境を与謝野はこう語っています。

「私は、前述の通り、政党など関係なく、今この国にとって必要な仕事をするべきだと考えていました。いい仕事がしたい。そして少々生き急いでもいた。それで、入閣要請をお受けし、「たちあがれ日本」を離党しました」(与謝野 二〇一二：一九五)。

「全身がん政治家」与謝野馨

引用文中に「少々生き急いでもいた」とあります。それは、与謝野が一九七六年に初当選した翌年に血液がんの一種である悪性リンパ腫を発症し、余命二年というデータをつきつけられたことを含意しています。しかし、与謝野は一〇年に及ぶ抗がん剤と放射線の併用治療でこれを克服しました。その後、二〇〇〇年には直腸がん、翌二〇〇一年には前立腺がん、さらに二〇〇六年には下咽頭がんと次々にがんに冒され、三度の再発に苦しめられながら政治家人生を全うしました。

与謝野の最後の選挙戦となった、二〇〇九年の総選挙公示日の直前になっても血尿が止まりません。

「あと二日で選挙の公示という十六日になっても出血が止まらない。何とか選挙を戦い抜くためには、ここで手術をしないと持たないという込山先生のご判断で、十七日の朝、この日の夕方六時から手術をすることが決まりました。膀胱鏡で膀胱の中を見ながら、膀胱壁から血が出ているところをひとつひとつ電気メスで焼いていくというものです。〔中略〕込山先生が出血箇所を丁寧に焼いてくださり、選挙の公示日である翌朝十一時には、私は宣伝カーの上に立っていました」（与謝野 二〇一二：一七四―一七五）。

選挙にかける政治家の執念あるいは狂気すら感じてしまいます。この総選挙で与謝野は小選挙区では落選したものの、重複立候補していた比例区で復活当選し、前述のとおり大臣にも起用されます。

労働なきコーポラティズム

パリから企業局第一課長に栄転した牧には、「西洋カミソリ」というあだ名がつきました。パリで五年間勉強した知識を総動員して指定産業振興法案の作成に当たりましたが、あまりに切れすぎて近寄りがたいところから、そんなあだ名がついたのです。牧はやりがいを感じながらも、理論と現実の狭間で苦悶していました。

政府、産業界、金融界、それに、労働者と消費者といった各界代表が、円卓を囲んで、在るべき経済の姿をオープンに討論し、目標を決めて、互いに努力と援助を約束し合う――それは、日本の現実にとっては、まだ夢物語であった。政権をにぎる保守党はもちろん、産業界も金融界も、そして通産省自体も、消費者や労働者を同等の発言権を持つパートナーとして認めるほど、開明かつ寛容ではない。従って、この点にこだわれば、法案の作成さえ望めなくなりそうであった。このため、全国民的な円卓会議の夢は夢として残しながらも、当面は、政府、産業界、金融界の三者で円卓を囲むスタイルをとる他はない。〈一七五〉

ここで牧が妥協の産物として構想している協調体制は、政治学で「労働なきコーポラティズム」とよばれているものの一種と考えられます。引用文中の「各界代表」は「頂上団体」とみなしてよいでしょう。

産業界にはその利益を代表する各種団体がありますが、その「団体の団体」として日本経済団体連合会（日本経団連）、日本商工会議所（日商）、経済同友会（同友会）、さらには関西経済団体連合会（関経連）があります。金融界には全国銀行協会（全銀協）、全国信用金庫協会、全国信用組合中央協会などがあります。労働者でそれに相当するものとして、日本労働組合総連合会（連合）、全国労働組合総連合（全労連）、全国労働組合連絡協議会（全労協）が、消費者には日本消費者連盟（日消連）が挙げられます。これらは傘下の団体を束ねる頂上団体と位置づけられます。

国の重要な経済政策などにこれら頂上団体の代表者を参加させて、利害の調整を図り全体の協調を重視して政策を決定していく方式を、ネオ・コーポラティズムといいます。協調組合主義と訳されます。第二次大戦後のヨーロッパ諸国で、労使の頂上団体が国の経済政策の決定過程に関与する事例が数多くみられ、この事態を指してネオ・コーポラティズムといわれました。

なぜ「ネオ」がつくのか。コーポラティズムが中世の身分制社会にまでさかのぼる政治的・社会的調和を達成しようという考え方で、ファシズム期のイタリアで試みられた「協同体国家」の思想的背景をもなしていたからです。これと区別する意味で「ネオ」が冠せられます。

しかし、戦後日本に当てはめると、上述の引用文が示唆しているように、政策過程から労働組合を排除した「労働なきコーポラティズム」とよばれる「奇妙な姿」がみられました。それだけ労働組合が弱かったばかりか、日本的経営の三本柱の一つである企業別組合であることが労使間に家族的温情を育み、戦闘性を鈍らせたのです。とはいえ、時代を経るにつれて政策過程への労働組合の関与が拡大深化していきます。まずそれは労働政策過程で制度化されました。牧ものちに法案の意図を社会党に説明する際には、法案が予定する円卓会議にゆくゆくは労働者・消費者代表も加えたいとリップサービスしたのでした〈一七八〉。

最近では、第二次安倍内閣が二〇一三年九月に「経済の好循環実現に向けた政労使会議」を設置したことが、「労働あり」となった一例といえるでしょう。構成メンバーは、副総理兼財務大臣、内閣府特命担当大臣（経済財政政策担当）、厚労大臣、経産大臣、経済界の代表者、労働界の代表者、および有識者でした。労働界からは古賀伸明連合会長はじめ三人がメンバーとなりました。ここで同年年末にかわされた合意文書に促されて、各企業は賃上げを実施し翌年夏のボーナスも増額されました。そして、二〇一四年九月一六日に開かれた政府の経済財政諮問会議で、政労使会議の再開が決められました。四月の消費増税以降失速傾向の景気を回復させるための方策がここで議論されることになりました。

武藤山治の温情主義と大原孫三郎の人格向上主義

他方、温情主義を企業経営の中心にすえた先駆的経営者として、鐘淵紡績（現カネボウ）で工場支配人、専務、さらに社長を歴任した武藤山治（一八六七―一九三四）が挙げられます。その観点から、武藤は各種の職工優遇策を打ち出しました。女工のための鐘紡女学校や上級男工養成のための鐘紡職工学校の設立、食事を改善するための料理方法研究員やいまでいうカウンセラーの配置、緑豊かな休憩室の設置から従業員への冷たいタオルの配布に至るまで、細やかな気の配りようです。武藤は当時活発化していた労働運動は、職工を家族同様に親身に面倒をみる温情主義で解決できるとの信念を抱いていました。

この武藤の温情主義に対して、人格向上主義を自らの方針としたのが倉敷紡績（クラボウ）の大原孫三郎（一八八〇―一九四三）でした。城山は大原孫三郎を主人公にした小説『わしの眼は十年先が見える』も書いています。

大原も武藤に劣らず職工の待遇改善、職場環境の向上に懸命に尽力した経営者でした。初代社長の父が工場内での腸チフス流行の責任をとって辞任したため、大原は二六歳の若さで二代目社長に就任します。この青年社長は、工場は資本家が搾取する場であってはならないとの信念の下、工場労働者の福利厚生の改善に心血を注ぎます。その白眉はイギリスの田園都市論に影響を受けた工場新築と職工社宅村の建設でしょう。第一次大戦の不況のため規模は縮小されましたが、一九一五年には併せて四四〇戸の社宅を完成させました。

工場経営にあたって、大原は因習を見逃したりそれに妥協したりすることは決してありませんでした。科学や学術に根拠づけられたやり方を尊重していました。さもなければ、自分には「十年先が見える」などと豪語できないでしょう。武藤の温情主義に対しては、「温情という精神的なものだけでは労働問題は解決しない、労働の科学的な究明による数的理論を基礎にして労働者の真の福祉の向上をはか」（兼田 二〇一二：二二三）るべきだと考えていました。その問題意識が、のちに法政大学と合併する大原社会問題研究所の設立につながっていきます。

「これ以上アカにはならない」

指定産業振興法案を作成する実働部隊は入省五年から一〇年のキャリア組でした。入省前に風越が資質の値踏みに昼食に連れ出した二人もそこに投入されていました。「暮も正月もなく、休暇も返上し、日曜も出勤しての作業」〈一七二〉の連続で、一人は顔をむくませ、もう一人は頬がそげ落ちていきます。その結果、ようやく法案の骨格が組み上がりつつありました。ただし、この法案を応援してくれる議員や業界団体がいるわけではありません。成立したからといってだれに実利をもたらすわけでもなかったからです。いまの言葉を使えば、通産省版将来構想法案だったのです。そのため、成立に向けた根回しはすべて通産省自身が担う必要に迫られました。

大臣の古畑も、与党内のとりまとめに動き出した。風越局長、牧・庭野の両課長、さらに事務官たちも、それぞれにレベルで、外部への説得工作に動いた。

風越は、首相官邸に出かけて説明。別に、庭野も、久しぶりに池内の私邸を訪ね、お酒のフルコースの相手をしながら、振興法のねらいを説いた。池内はうなずきながらきくとともに、風越にも、庭野にも、手広く根回しに動くことをすすめた。〈一七七〉

この池内首相の勧めも効いたのでしょう。風越は、保守党副総裁の大川万禄と料亭で宴席をともにして協力を求めます。古畑通産大臣が大川派だったこともあり、大川は快く耳を傾けました。大川が老獪さを発揮するのはそのあとです。

「どうだね、きみも次官でもやったあと、ひとつ政界に打って出る気はないか。おれの選挙区から、もうひとりぐらい抱いて出れると思うがなあ」

大川も風越と同郷の水戸出身であった。半ば冗談めかしていったのだが、大川のくぼんだ眼は、盃越しに、鋭く光っていた。それは、さぐりを入れる質問でもあった。これに対し、風越は、いつもの不用意な調子で答えた。

「もし一ぺんも頭を下げないで出れるものなら、わるくはありませんなあ」

〈考えられないことだ〉と、否定の返事をしたつもりであったのに、大川は、そうはとらなかった。〈同〉

大川万禄とは、実際には自民党の副総裁まで務めた大野伴睦のことです。大野も佐橋も同じ岐阜県出身でした。実際には、大野が佐橋に政界入りを打診したのは料亭ではなく、大野の事務所でした。佐橋によれば、大野は「俺が抱いて出る岐阜の一区でやれば当選は間違いない」（佐橋一九六七：二六四）と言ったそうです。当時の衆院は中選挙区制でしたので、自民党は各選挙区で複数の候補者を擁立していました。基本的に定数は三から五でしたので、第六章で説明する「M＋1ルール」に従って、自民党の派閥は五に収斂していきます。

大野が出ていた岐阜一区は定数五で、一九六三年総選挙では自民党は五人の公認候補者を立てて、トップ当選した大野を含む三人が当選しています。いくら大野が選挙に強いとはいえ、「もうひとりぐらい抱いて」当選できるほど甘い選挙区ではありませんでした。一つの選挙区に同じ派閥から候補者を二人擁立することもきわめて例外に属します。大野は佐橋が他派閥から出るかもしれないと警戒していたのです。

たたき上げの党人政治家である大野は、「政治は義理と人情だ」を信条としていました。頼みごとをされると断れなかったそうです。中でも痛快なエピソードがあります。

「野坂参三君の中共行き旅券の問題で、外務省が難色を示したことがあった。困った野坂君は私のところにやってきて、外務省に話してくれという。共産党とは犬と猿の間柄の私だが、頼まれたのではやむをえない。奔走していると、忠告めいた苦情をいう党員がいた。そこで私はいってやった。「思想的に赤でない人間を中共にやるのは心配だが、赤の野坂君を赤の国に旅行させても、これ以上アカにはならなない。格別、中共行きを騒ぐ必要はないよ」」（大野 一九六二：二四二）。

おかしくて噴き出しそうになります。野坂は日本共産党の戦前からの大幹部。中共とは中華人民共和国に対する蔑称です。当時日本は大陸中国とは国交がなく、同国をこうよぶことも珍しくありませんでした。また、大野は自民党副総裁だったとき、プロレスラーの力道山の媒酌人も引き受けています。大野は当時、日本プロレスのコミッショナーでした。

徳球のことが好きだった吉田茂

吉田茂元首相も共産党の大幹部だった徳球こと徳田球一について、おもしろいことを書き残しています。

「今は故人になった共産党の徳田球一君は、個人的には、私の好きな型の人であった。議会で私を攻撃する時は、まことに烈しい口調であるが、国会の本会議場で、演説のため登壇する時、私の傍を通り、小声で、「総理、やりますよ！」と言っていく。そして演説が終わって降壇する時はまた、小声で「どうです。参ったでしょう」と言って通る。敵ながら愉快な人物であった」（吉田一九六五：二一〇）。

保守政治家の度量の広さに感服してしまいます。

第一章で取り上げたぬやま・ひろしの『詩集編笠』には目次の右頁に「同志　徳田球一にさゝぐ」という献辞が載っています。ぬやまは一九四五年一月末に東京・中野の豊多摩刑務所で刑期を終え、すぐに同刑務所内に設けられた予防拘禁所に移されました。そこで徳田に出会ったのです。治安維持法が一九四一年に大改正され、予防拘禁制が導入されていました。ぬやまや徳田のように治安維持法違反で刑に服していた者は、治安維持法が規定する「罪ヲ犯スノ虞アルコト顕著ナルトキハ裁判所ハ検事ノ請求ニ因リ本人ヲ予防拘禁ニ付スル旨ヲ命ズルコトヲ得」（第三九条）として、刑期を満了したのちも拘禁され続けたのでした。

権限争いと「総合調整」

名称こそ指定産業振興法という当たり障りのないものでした。ですが、その原案には対外競争力の急速な強化、それを目指した産業再編成、さらには、政府・産業界・金融界の協調が謳われていました。スケールの大きさは際立っていたのです。

〈政令によって指定された産業は、この振興基準に従って、集中・合併・生産の専門化などの努力をする。金融機関は、この振興基準にそって資金の供給を行う。政府も、政府関係金融機関を通じて資金を補給するとともに、課税について減免措置をとり、また、振興基準による合併などについては、独占禁止法の適用除外とする〉

というのが、その骨子であった。〈一七九―一八〇〉

「独占禁止法の適用除外とする」という最後の文言が、公正取引委員会から激しい抵抗を受けることになります。公取委は新法によらずとも、独禁法の弾力的運用によって政策意図は実現できると主張したのです。実は、庭野も同じことを鮎川に対して吐いていました。第四章で言及した日暮里の居酒屋でかわされた会話の続きです。

「そんな夢にふり回されているより、わたしは、現行法の範囲内で、いくらでも新法の精神を活かせると思うのです。わたしの所管の産業金融の世界で、それをやって見せる自信があります」〈一三五〉

上述の『佐藤榮作日記』は全六巻からなりますが、佐橋が登場するのは三か所だけです。そのうち、重要と思われるのは、特振法絡みの次の記述のみです。

「佐橋［滋］局長がやって来て、国際競争力強化法案の説明並にこれが取り扱方につき応援を求めたので、佐藤基君に連絡して協調方を頼む。結局の処権限の争かと思へる」（佐藤 一九九八：四二）。

日付は一九六三年二月二〇日（水）となっています。この頃、佐藤はちょうど一年に及んだ通産大臣をはずれて無役でした。佐橋は、前通産相として隠然たる影響力をもっていた佐藤にも根回ししたのです。この段階における特振法の名称はまだ国際競争力強化法案だったことがわかります。引用文中にある「佐藤基君」とは、当時公取委の委員長でした。

「結局の処権限の争か」と佐藤は佐橋の意気込みをやや冷ややかにみていたようです。

いずれにせよ、「適用除外」は通産省にとって絶対に妥協できない一線でした。公取委も「弾力的運用」から一歩も引きません。当事者間での「調整」はつかず、小説では黒木官房長官がまさに「総合調整」に乗り出すことになります。

〈合併については、通産省の要求があれば、公取は認可基準を公表しなければならない〉〈合理化カルテルについては、通産省を経由した上で、公取が審査するものとする〉

その両項目を、振興法の中に明文化するという裁定である。「適用除外」を設けないことで、公取の権限は残す。しかし、通産省の発言権も、法的な裏づけを伴って、増大させようというわけである。〈一八七〉

黒木官房長官とは実際には黒金泰美《くろがねやすみ》を指します。黒金は東京帝大卒業後、大蔵省に入省し、池田勇人大蔵大臣の事務秘書官を務めます。仙台国税局長まで進んで退官し、一九五二年に衆院議員に初当選しました。その後順調に当選を重ね、当選五回で第二次池田内閣第二次改造内閣の官房長官の座を射止めます。同第三次改造内閣でも留任しました。一九六三年一一月の総選挙で六回目の当選を果たし、第三次池田内閣でも留任します。一九六四年七月の自民党総裁選で池田が総裁三選を果たしたのを受けて行われた内閣改造で閣外に去ります。後任はのちに首相となる鈴木善幸でした。

池田総裁三選のためのカネづくり

池田は首相を四年四か月弱務めますが、黒金はそのうちの二年間官房長官として首相を支えたことになります。その黒金長官の最後の大仕事が自分のボスである池田を総裁選で三選させ、池田政権を存続させることでした。この総裁選は現職の池田に対して、党内最大派閥を率いて池田三選阻止を目指す佐藤栄作と岸信介首相の下で三年間外務大臣を務めた藤山愛一郎が挑む三者鼎立の争いになりました。

自民党総裁選は公職者を選ぶ選挙ではありませんから、当然公職選挙法は適用されません。そのため「実弾」とよばれる札びらが飛び交う選挙になります。一九五六年一二月の自民党総裁選を取材した、当時『読売新聞』の政治部記者だった渡邉恒雄はこう記しています。「総裁選当日、党大会が開かれた大手町の産経会館ホールの廊下で現金が受け渡しされているところを何度も見た」（渡邉二〇〇七：一二四、一二六）。

ナベツネはこの総裁選を「金権選挙の原型」とよんでいます。とすれば、一九六四年七月の総裁選はいわば「金権選挙の爛熟型」で、空前の「実弾」が飛び交いました。のちに述べる映画『金環蝕』の冒頭、投票所となった大ホールで新聞記者の二人が、「寺田派はけさまでに一七億ばらまいたらしいな」「酒井の方は二〇億さ」とささやきあいます。「寺田」は池田を、「酒井」は佐藤を示唆しています。そして、池田陣営の資金調達の知恵袋が黒金だったといわれます。

当時、電源開発が福井県・九頭竜川にダム建設を計画していました。その工事をどのゼネコンに落とすか。指名競争入札で請負業者が決められた第一工区には五社が応札し、鹿島建設が四一億三八〇〇万円で落札しました。

入札の場合、発注者は事前に落札上限価格である予定価格と落札の下限となる最低制限価格を決めます。予定価格を上回る入札額を提示した業者は失格になります。一方、最低制限価格を下回る提示額を入れた業者も失格です。受注したいばかりに採算の合わない低い価格を提示して、手抜き工事で帳尻を合わせるつもりかもしれないからです。

問題は最低制限価格を予定価格よりどれだけ低めに決めるかです。九頭竜ダムの第一工区では

「ロワー・リミット」は八・五％に設定されました。つまり、「最低制限価格＝予定価格×（一－〇・〇八五）」で算出されることになったのです。予定価格は四四億九〇〇〇万円でしたので、最低制限価格は四一億〇八三五万円でした。もちろん、予定価格と「ロワー・リミット」の数値は応札業者に対しては秘中の秘でなければなりません。

各社の提示額は低い順に次のとおりでした。

①前田建設	三九億〇〇〇〇万円
②西松建設	三九億八〇〇〇万円
③熊谷組	四〇億〇二〇〇万円
④間　組	四〇億〇九八〇万円
最低制限価格	四一億〇八三五万円
⑤鹿島建設	四一億三八〇〇万円
予定価格	四四億九〇〇〇万円

「ロワー・リミット」決定の怪

鹿島建設以外の四社はすべて失格だったのです。しかも、前田建設と西松建設は入札後の「技術審査」で無資格とされました。開札された三社のうち熊谷組と間組の提示額の差はわずか七八〇万円です。これに対して、間組と鹿島建設のそれは一億二八二〇万円もありました。各社とも積算のプロがはじき出す数字ですから、この差はあまりに不自然です。一九六五年二月九日の衆院予算委員会で社会党の高田富之議員が追及しています。

しかも、電源開発の「ロワー・リミット」の設定の仕方が奇妙というほかありません。同委員会で高田議員がそれを質したのに対して、桜内義雄通産大臣が答弁しています。

「限度額を設けまして、そして、その限度額に対して、甲、乙、丙、丁と四つの何％というくじをつくったわけであります。そして、その限度額に対してどのパーセンテージをかけるかということは、総裁がその中から一つくじでとったわけであります。そして、その限度額にかけたものが基準になる、このようなやり方であったと思うのであります。その四つの甲、乙、丙、丁のくじの中で高い％のくじがひかれた、こういうような入札の方法でございまして、私としてその入札の方法がいいのか悪いのかというところも追及してみましたが、従来そういう方法をとる、こういうことでございました」。

翌月三月九日の衆院決算委員会で、高田議員は再び質しています。

「このロワー・リミットを引く引き方ですが、そこにありますように九一％から九三％までの間たくさんつくられまして、そのうちから五本のくじをつくって、一本を引いて、四本を焼却した。こういう御報告になっておるのですが、それはどうしてそういうことをおやりになるのですか」。

つまり、桜内答弁とは異なり実際にくじは五本あって、九%から七%までの間の五種類の「ロワー・リミット」の数値がそこに記されていた。しかし、一本を引いた後残りは焼却してしまったので、はずれ四本にいかなる「ロワー・リミット」が記されていたのかはわからないのです。電源開発の吉田確太総裁は「秘密を守ろうという意味でやった」と答弁するのみでした。

高田議員はさらに「ロワー・リミット」を抽せんで決めるのは従来からそうなのかと質します。電源開発の大堀弘副総裁は「抽せんをとりましたのは、今回初めてのようでございます。過去にないと思います」と答えました。これも先の桜内答弁と食い違います。

その点は措くとして、「ロワー・リミット」を抽せんにするメリットは、万一予定価格が漏れてしまっても応札業者はそれを下回る提示額は出せますが、どこまで下げれば仕事が取れるかはわからない点です。

「一般庶民はなにも知らなかった」

考えられる推理はこうです。池田陣営は黒金を窓口に鹿島に政治献金させた。その額は一説には五億円といわれています。それを捻出するために、電源開発と鹿島が結託したのではないか。電源開発はそれだけの政治献金をしても鹿島にもうけが出るように、過大な予定価格を算定した。それがいかに水増しされたものかは、鹿島を除く四社の提示額をみれば明らかです。その上で、

「ロワー・リミット」は八・五％だと鹿島に漏らした。五本のくじには同じ数字が書いてあったわけです。こうして、さも厳正さを装って鹿島に工事を確実に落札させた……。

政界のマッチポンプの異名をもつ田中彰治衆院議員（自民）は、同じ三月九日の衆院決算委員会で、「もしこの入札決定を白紙にすれば、池田首相（前）と黒金泰美氏、（前）官房長官と私の三人立ち会いのもとに、さきに鹿島建設より多額の政治献金が池田氏に渡されているので、これを鹿島建設に返還しなければならない」という福田一前通産大臣の発言を引いた投書が、補償問題に揺れる地元の村から自分あてに届いたことを明らかにしています。

マッチポンプという田中のあだ名は、正義漢ぶって様々な疑獄事件を追及するかたわら、その裏で当事者をゆする悪さを働いていたことに由来します。

九頭竜ダム汚職事件とよばれるこの一件は、石川達三が『金環蝕』として小説にしています。さらに、一九七五年には映画にもなりました。映画にも、副総裁が「ロワー・リミット」の数値が封入されている五通の封筒を用意して、総裁が一つを引いて開封。「七」（ここが現実とは異なります）という数値を理事たちが確認して、他の四通は開封せず副総裁がすぐにライターで火を付けて灰皿の上で燃やすシーンがあります。

石川達三は『金環蝕』をこう結んでいます。

「一般庶民はなにも知らなかった。彼等は営々として働き、その収入から高額の租税を納めていた。文字通り血税と云われるような税金であった。／それが政治の上層部では、個人的な権勢欲や野心や名誉欲のために濫費されたのだった。しかし彼等は庶民の上に立ち、権力をふるい、そして赫々たる栄誉をあたえられているのだった」（石川 二〇〇〇：四六二）。

黒金はその後、一回の落選をはさんで九回まで当選回数を重ねますが、二度と入閣することはありませんでした。ちなみに、第三章で言及した裁判官の石川義夫は石川達三の末弟（異母弟）です。

意趣返しと友敵理論

権限争いは公取委との間ばかりでなく、金融界さらにその背後にいる大蔵省との間でも繰り広げられました。

振興法では、〈銀行が協議に参加した上、その合意した振興基準に沿って融資する〉という規定を設けた。指定産業に対しては、各銀行にこれまでのような自行中心の気ままな貸出しをやめさせ、振興基準という融資ルールに沿う貸出しを義務づけようというわけである。

もともと神経質な銀行業界のことである。産業界以上に、警戒の色を見せた。これは、政府の介入によって、金融の自主性を奪うものである。それも、監督官庁の大蔵ならぬ通産が横から出てきて――。〈一八八〉

疑心暗鬼の銀行連盟に、風越は三回も説明に呼びつけられます。いずれもほとんど反応がありません。思いあまって、風越は銀行連盟の会長に最近就任したM銀行の山岡頭取に感想を求めます。風越に食い下がられた山岡は「将来を見越してよくできた法案だ」と意外な感想を口にします。そして、すぐにこうつけ加えました。「よくできてると申す意味は、社会党が政権をとったときには、すぐそのまま計画的な資金統制に使える、そういうことなんですよ」〈一九〇〉

風越に返す言葉はありませんでした。実は山岡には風越に含むところがあったのです。かつて、山岡は経営者連合の改組問題について報告するため、夏の暑い午後に所管の企業局の局長である風越の部屋を訪ねました。来訪を事務員から告げられた風越は「来たか、そこへ通しておけ」と大声で答えます。それは山岡にも聞こえるほどでした。しかもすぐに応対せず、大銀行の頭取で屈指の財界人を一〇分近くも待たせて詫びの一つも言わないのです〈一四三―一四五〉。

このとき、すでに指定産業振興法をどう通すかで風越の頭の中はいっぱいでした。風越が長期的時間軸で法案の行方を考えることができれば、やがて銀行業界の協力も求めなければならないことを見通せたはずです。山岡は腰を低くして丁重に迎えるべき存在であることに気づくべきでした。そこまで想像力が及ばなかったことが風越の限界だったのでしょう。伊那谷での夏休みを途中で切り上げて国会答弁に臨んだ気遣いを、このとき思い出すべきだったのです。

産業資金課長の庭野は、かつて事務秘書官として仕えた池内総理にも法案への協力を求めて自宅に上がります。池内は例の「お酒のフルコース」でもてなしながら庭野の説明を受けます。ですが、池内にもすでに金融界の評価が耳に届いていたようで、骨折りを請け合ってはくれませんでした。庭野が辞去しようとすると、池内はふと風越評をささやきます。

「風越は、案外、あちこちで警戒されてるようだな」〈中略〉「おれも、よくけんかをしたが、敵と味方の区別だけはついた。その点、風越はどうなのかな」〈一九二〉

カール・シュミットというドイツの政治学者がいました。全体主義的国家論を唱えてナチス政権を理論的に支えたため、ナチスの御用理論家とさえみなされた学者です。そのシュミットは『政治的なものの概念』という自著の中で、「政治的なもの」の「特有の標識」、言い換えれば、その本質とは何かをつきつめます。

「政治的なものには、それに特有の標識〈中略〉があるのである。したがって、政治的なものは、特有の意味で、政治的な行動がすべてそこに帰着しうるような、それに固有の究極的な区別のなかに求められなければならない。道徳的なものの領域においては、究極的区別とは、善と悪とであり、美的なものにおいては美と醜、経済的なものにおいては利と害、たとえば採算がとれる、とれない、であるとしよう。そのさい問題なのは〈中略〉それ自身ただちに分明であるような特殊な区別が、政治的なものの単純な標識として存在するかどうか、またそれはどういう点なのか、ということである。／政治的な行動や動機の基因と考えられる、特殊政治的な区別とは、友と敵という区別である。この区別は、標識という意味での概念規定を提供するものであって、あますところのない定義ないしは内容を示すものとしての概念規定ではない」（シュミット 一九七〇：一四一―一五）。

「友・敵」理論とよばれるシュミットの考え方です。練達の政治家である池内には、シュミットが喝破した政治の本質である「友と敵という区別」だけはついていた。だからこそ、欲望と嫉妬が渦巻く「一寸先は闇」の世界を泳ぎ切って首相の座を射止めることができた。風越もそうした感性を磨かないと、事は成就しないと池内は心配しているのです。山岡の一件も、この点での風越の未熟さを露呈しているように思えます。

「友愛」は「友・敵」にまさる

シュミットとは政治的立場が一八〇度異なりますが、国家を「抜きがたい階級対立の産物」ととらえ「抑圧された階級」の「解放」を唱えたレーニンも、シュミットの説く政治の本質を直感的に理解していたことになります。スターリンも敵と味方を峻別して、ソヴィエト体制の敵となりうるとみなした者は徹底的に排除し続けました。

シュミットは別の著書で、マルクス、エンゲルスの『共産党宣言』の「新しさと魅力」をこう評価しています。「階級闘争を人類史上唯一最後の闘争、つまりブルジョアジーとプロレタリアートの緊張の弁証法的絶頂にまで体系的に集中した点にあるのである。多数の階級の間の対立は、一つの最後の対立に単純化される。〔中略〕およそ単純化ということは強度の異常なる昂進を意味する。そして今や、それは、体系的、方法的必然性をもって現われたのである」（シュミット一九七二：七八―七九）。すなわち、階級闘争をブルジョアジーとプロレタリアートの「友・敵」関係にまで煎じ詰めた最初の本だというわけです。

前出の石川達三は『青春の蹉跌』という小説も書いています。そこに描かれている主人公・江藤賢一郎は「友・敵」理論を体現したような青年です。

「経済生活を支えるための収入は、激烈な闘いによってのみ獲得される。資本主義社会は弱肉強食を当然とする社会でもある。／だから、この街に住む無数の人間は、ことごとく江藤の敵だった。味方はひとりも居ない」（石川一九七一：八）。

「生きることは闘争だ。平和なんかどこにも有りゃしないと、彼は思っていた」（同一〇）。

「三宅が彼の立場にたてば、この憎悪を階級闘争という行動に持って行き、団結の力でブルジョア階級に打勝つという手段を考えるに違いない。〔中略〕その闘いは勝利の日を予定し得ない、空想的な闘争だと賢一郎は思っていた。／彼は現実主義者であったから、三宅のような遠いはるかな理想にあこがれたりはしなかった。彼は階級闘争を計画する代りに、自分自身がブルジョア階級にはいって行くことを考えていた」（同一二一）。

ジョージ・オーウェルの逆ユートピア小説『一九八四年』の舞台であるオセアニア国では、「二分間憎悪」が国民の日課にさせられています。国民は敵国の指導者を画面でみせられ、それへありったけの憎悪をふりしぼるのです。確かに、敵への憎悪は強いエネルギーを人びとに与えます。しかし、「友・敵」関係を狭隘につきつめるのは不毛どころか、自滅に至ります。

新左翼セクトの中核派の活動家だった村岡到は、敵対する革マル派に鉄パイプで襲われ骨折させられたこともありました。それでも、村岡が革マル派トップの本を読んでいたことが幹部の気に障ったようで、会議で幹部から「お前は革マルに対する憎しみが足りない」と批判されたといいます（村岡 二〇一三：一二三―一二四）。道理で、新左翼党派間で活動家を殺しあう内ゲバが繰り返され、凄惨化していったわけです。その後村岡は「友・敵」ではなく、「友愛」を左翼の作風に位置づけることが重要だと悟って、いまも思索と活動を続けています。

そういえば、『カンタ!ティモール』（二〇一二）という映画をみました。東ティモール独立を描いた映画です。

インドネシア国軍は独立させまいと、東ティモールの人びとに非道の限りを尽くします。ときに国軍兵士が独立派の捕虜になります。そのたびに、東ティモールの人びとは決して彼らに報復することなく、東ティモール独立の意義を説いて彼らを釈放したのです。拷問あるいは処刑を覚悟していたであろう、国軍兵士は、何を思ってインドネシアに戻ったことか。「友愛」は「友・敵」にまさることをつきつけられた映画でした。

機密費の使い道

法案にある〈合意した振興基準に沿って融資する〉という文言が、義務や強制を連想させると金融界は強い拒否反応を示しました。文言調整に風越はさじを投げてしまいますが、庭野が粘り強く交渉して、〈融資に当っては、振興法の趣旨に沿うよう留意する〉でようやく決着しました〈一九五〉。

一九六三年春、指定産業振興法案は閣議決定され国会に提出されます〈一九八〉。閣議決定されたということは、与党による事前審査も済み自民党（小説中では保守党）総務会で了承されたことを意味します。あとは国会対策さえ誤らなければ与党の賛成多数で可決・成立するはずでした。

これに対し、風越たちは、説得し、対策を準備し、納得の行く反駁資料をそろえた。ときには、限られた機密費を使い、一席設けて、代議士に御進講する夜もあった。〈同〉

機密費とは通称で、正式には内閣官房報償費といいます。内閣官房長官が管理しています。社会党の稲葉誠一衆院議員が一九八二年八月六日付で「「官房報償費」に関する質問主意書」を鈴木善幸内閣改造内閣あてに提出しました。九月三日付で送付されたその答弁書によりますと、報償費とは「国が国の事務又は事業を円滑かつ効果的に遂行するため、当面の任務と状況に応じその都度の判断で最も適当と認められる方法により機動的に使用する経費」とのことです。

しかし、これだけでは具体的に何に使われているのかわかりません。小渕恵三内閣と同第一次改造内閣で官房長官を務めた野中広務が、二〇一〇年四月末から五月にかけてその内実を赤裸々に暴露しました。首相に毎月一〇〇〇万円、野党対策に当たる自民党国対委員長や参院幹事長に毎月五〇〇〇万円のみならず、野党議員や評論家にも配っており、「毎月5千万~7千万円くらいは使っていた」といいます（二〇一〇年五月一日付『朝日新聞』）。

この件をめぐってさらに関係者に取材した成果を、同年五月一八日付『東京新聞』が報じています。前出の浜田幸一元自民党衆院議員は、法案を通すための野党対策にこれを使ったと証言しました。

「料亭で封筒に入れた現金を座布団の下に仕込む。野党議員は座る前に座布団の下を探る。幹事長の所へ直接、受け取りに来た野党トップもいた」（中略）「封筒の中は百万円や五十万円。幹事長から直接の時は五千万円だった」

ハマコーは次のようにも書いています。

「金丸〔信〕幹事長時代、私は副幹事長として、常に金丸さんのそばにいた。金丸さんが自動車電話で、「田辺〔誠・社会党委員長〕に五千万円届けるように」と指示していたのを、私はこの耳で聞いている。〔中略〕私はこの問題を自民党の役員会でも何度となく出して、議題として取り上げるように頼んだ。だが、自民党もまた、いっこうに問題にしようとはしない。要するに、両党が馴れ合いでやっていたからだ」（浜田 一九九五：二五〇）。

改憲「三分の二」要件と不可分な五五年体制

地獄の沙汰もカネ次第。これが万年与党の自民党と万年野党の社会党などが役割分担してきた五五年体制の深層の真相なのでしょう。もちろん、こうした「馴れ合い」だけの指摘にとどまっていては、五五年体制を十分に説明したことになりません。加えて重要なのは、これが「体制」とよばれるほど安定化した制度的要因です。日本国憲法第九六条に規定された「三分の二以上」という改憲要件によって、野党は国政選挙で三分の一以上の議席を獲得し改憲を阻止することに努力を集中させた。あるいはそれで満足してしまったのです。

その到来をあたかも予示しているのが、一九五五年二月の総選挙に際して共産党が採用した方針です。自民党へ合流する直前の日本民主党と自由党の獲得議席合計が「三分の二以上」に達しないように、共産党は大量に立候補者を辞退させたのです。「乱立」「共倒れをふせげ」と三九人の立候補者を辞退させ、結局擁立したのは六〇人のみでした。これが左派社会党の当選を手助けしたと思われ、左社八九、右社六七、労農党四、共産二で合計一六二人の当選者を護憲勢力は得ました。このときの衆院の総議席数は四六七ですので、一六二は三分の一を上回る議席になります。

さて、地獄ではありませんがカネに縁がない新左翼の世界にいた前出の村岡は、おもしろいことを書いています。「左翼世界では、資産家や支配層とは異なって、金銭やポストの配分によって対立を調整することが、理念的にも実質的にも出来ないから、意見の違いがすぐに理論の誤りに直結させられて、対立が先鋭化しやすい」（村岡二〇一四：七八）。

いま機密費はどうなっているのでしょうか。二〇一四年二月二一日の衆院内閣委員会で、共産党の赤嶺政賢議員が菅官房長官に質しています。菅はこう答弁しました。

「第二次安倍内閣が発足をした平成二十四年十二月二十六日から現在までの間に、国庫から支出した内閣官房報償費は約十六億九千万円であり、このうち、内閣官房長官が取扱責任者である内閣官房報償費については十四億三千万円であります。」

「内閣官房報償費の透明性の確保を図る方策については、機能の維持に最大限留意しながら、どのような透明性を高めていくかという観点から検討しているということを申し上げていますので、現在もその基準について検討しておりますので、それ以上のことは控えさせていただきたいと思います。」

図表・写真10：特定産業振興臨時措置法案の審議経過

日付	審　議　経　過
3.25	衆院に提出
5.14	衆院議院運営委員会で、社会党および民社党から要求のあった本会議での趣旨説明聴取を決定
5.16	衆院本会議で趣旨説明およびそれに対する質疑
5.17	衆院本会議で趣旨説明に対する質疑（前会の続き）、商工委員会へ付託
5.21	衆院商工委員会で質疑
同	参院議院運営委員会で、予備審査のため本会議で趣旨説明とそれに対する質疑を行うことを決定
5.22	参院本会議で趣旨説明およびそれに対する質疑
5.23	参院商工委員会で予備審査
7.6	第四三回通常国会の終了日＝審議未了、廃案

年数はすべて1963年。国会会議録検索システムから筆者作成。

ということで、十四億三千万円の支出先は闇の中です。もちろん、政権運営上隠しておきたいお金の使途はあることでしょう。しかし、公金なのですから六〇年は長すぎるとして一定の期間が過ぎたら、その使途を公開するのが民主主義国家のあり方のはずです。

指定産業振興法案の廃案

指定産業振興法案は国会には提出されたものの、「多少もめはしても、法案通過の見通しは、まずまちがいない」〈一九九〉との風越たちの思惑どおりには運びませんでした。その経過を小説のくだりで確認します。

他の重要法案の審議が難航しているせいもあって、指定産業振興法は国会に提出されたままの状態になっていた。本会議に一回上程され

簡単に質疑があっただけで、商工委員会にも、まだかけられていない。〈二〇七〉

振興法は相変らず、本格的な審議もされず、委員会にも付託されない。そのまま、会期末が迫ってきた。〈二一〇〉

それから数日して、国会は閉会の日を迎えた。期限ぎりぎりに、いくつかの法案が一括上程される。振興法もその中にまじって、たとえ成立しなくとも、継続審議に持ちこみたいと、風越たちは半ば祈るような気持で、一縷の望みを託した。〈二一五―二一六〉

午後十時少しすぎ、風越が牧と庭野を左右に従えて、部屋に入ってきた。厚い胸をそらせて、部屋の中央に進む。仁王立ちになると、一度瞑目してから、全員の顔を見渡していった。

「諸君、残念ながら、振興法は審議未了で廃案となった」〈二一六〉

実際に一九六三年に国会に提出された特定産業振興臨時措置法案（特振法案）は、**前頁図表・写真10**のような経過をたどりました。

衆参いずれかの院に法案が提出された場合、議長は「これを適当の委員会に付託」します。そこでの審査ののちに本会議にかけることになります（国会法第五六条第二項）。特振法案の場合、審査に「適当の委員会」は商工委員会になります。なぜ提出（三月二五日）されてから付託（五月一六日）されるまで、二か月近くもかかったのでしょうか。それを解く鍵が次の国会法第五六条の二です。「各議院に発議又は提出された議案につき、議院運営委員会が特にその必要を認めた場合は、議院の会議において、その議案の趣旨の説明を聴取することができる。」

趣旨説明・「つるし」・予備審査

この条文を実際の運用で言い換えますと、趣旨説明を求められた法案は委員会に付託される前に、本会議で提出者（大臣）がその法案の趣旨を説明しなければなりません。重要法案なのでいきなり委員会に付託せず、本会議でその概要を聴取しておこうというわけです。ただ、これにより本会議での趣旨説明が行われない限り、法案は委員会での審査に入れなくなります。これが国会戦術に転用されます。

野党は反対法案に趣旨説明要求をつけます。本会議の定例日は衆参ともに週三日しかありません。その上、本会議の議事は趣旨説明以外にもたくさんあります。趣旨説明のついた法案が、それをこなしきれずに本会議に「つるされて」滞ってしまうのです。「つるし」とよばれる国会戦術です。野党はこれにより反対法案の審議入りを遅らせ、あわよくば審議未了で廃案に追い込もうとします。特振法案は社会党と民社党から趣旨説明要求をつけられ、本会議で「つるされて」いました。ようやく五月一六日に「つるし」がおろされたのです。

自民党が本気でこの法案を成立させたいと考えていれば、それこそ機密費を使って野党両党に趣旨説明要求を取り下げるよう工作するか、本会議の議事順序をやりくりしてもっと早く趣旨説明にこぎつけたことでしょう。しかし、小説にも「もともと、ひとにぎりの官僚の発想による法案。「スポンサーなき法案」といわれるだけに、積極的な推進者が居ない」〈二〇七〉とあります。やっと「つるし」がおろされても、付託された衆院商工委員会で質疑が行われたのは一日だけでした。

特振法案は衆院先議の法案でしたが、衆院での議了前に参院でも趣旨説明が行われ（五月二二日）、翌日参院商工委員会でも審査されています。これを予備審査といいます。国会法第五八条は「内閣は、一の議院に議案を提出したときは、予備審査のため、提出の日から五日以内に他の議院に同一の案を送付しなければならない」と定めています。先議の議院での審査が終わってから後議の議院で審査をはじめたのでは、会期末との関係で後議の議院に十分な時間がとれなくなるおそれがあります。その事態を回避するために予備審査の制度が設けられています。

ついては、国会会議録検索システムを現在からさかのぼって検索してみました。すると、法案の予備審査は一九九四年一一月三〇日の参院世界貿易機関設立協定等に関する特別委員会で、著作権法及び万国著作権条約の実施に伴う著作権法の特例に関する法律の一部を改正する法律案など七件が審査されたのが最後で、それ以降は行われていませんでした。近年では予備審査は、予算以外にはまったく活用されていないのです。

日本の国会は会期制度をとっていますので、会期内に成立しない法案は審議未了で廃案になります。会期と会期の間で意思は継続しないという考え方のためです。これを会期不継続の原則といいます。ただし、会期末に議院が継続審査（閉会中審査）の議決をすれば、その法案は閉会中も、さらには次の会期でも審査を継続できます。特振法案はその手続きすらなされませんでした。

特振法案は次の第四四回臨時国会で再提出され一〇月一七日に衆院商工委員会に付託されますが、一度も審査されずに審議未了により廃案。第四六回通常国会でも提出され、一九六四年二月二一日に衆院本会議で、三月二五日に参院本会議で趣旨説明が行われ、衆参それぞれの商工委員会で審査されますが、審議未了で廃案に追い込まれました。

「既成事実の威力」

風越が指定産業振興法案の成立を目指して駆けずり回っていたころ、とんでもない騒動が起こります。古畑通産大臣が記者との懇談の中で、次の事務次官は風越ではなく、風越と同期で外局の特許庁長官に転出した玉木を戻して就かせると突如発表したのです〈二一二〉。古畑が大臣に就任した際、古畑と玉木は将棋仲間だから用心せよと庭野が風越の耳に入れていました。風越はまったく意に介さず、自分は次官待ちポストである企業局長に、玉木は閑職の特許庁長官に出されて、次官レースは勝負あったかにみえました。

ところが、古畑は事務次官―官房長―秘書課長という省内人事をとりしきる幹部にいっさい諮ることなく、独断で決めてしまったのです。古畑が風越を疎んじた理由は、古畑の所属する派閥のボスである大川が風越を警戒したためだと推測されました。前述のとおり、大川は自分の選挙区から風越が出る気かもしれないと疑っていたのです。しかも、須藤派からと根拠のないうわさが流されていました。

佐橋は「この事件は在官中を通じて最も不愉快な、しかも僕の最も愛した通産省にとって申しわけない事件であった」（佐橋　一九六七：二五七）と書いています。佐橋によれば、松尾金蔵事務次官から「僕の後任は君にやってもらうことに定めた」（同二六二）と内示を受けていたそうです。ただ、小説では古畑として出てくる福田一通産大臣がそれに難色を示しているとも知らされました。そのため、松尾次官以下事務方は大臣と何度も折衝していました。そのさなかに、福田大臣が記者発表してしまったのです。

「だれかが知恵をつけて大臣の任命権という武器を使って、いっきょに既成事実をつくってしまえば、いかに頑強な事務方も泣き寝入りするだろうという目算であったかもしれない」（同二六五）と、佐橋は振り返っています。

正式な、あるいは慣例となっている手続きを踏まずに、事実を先につくり事後承認を迫る強引な物事の進め方があります。これを仮に「既成事実の威力」とよんでおきましょう。たとえば、前述した私のゼミの恒例行事である「校外ゼミ」については、事前に学生たちと話し合って訪問先を決めるのが慣例になっています。一度の話し合いではなかなか合意が得られず、意思決定に時間がかかります。これを面倒くさがって、私がいきなり○月×日に△▲党の著名な□■議員にアポがとれたから、今学期の「校外ゼミ」はこれに決めると学生たちに告げたとしましょう。学生たちは有名人と会えるといって喜ぶかもしれません。とはいえこれは手続きとしては、間違っています。私は「既成事実の威力」を用いたことになります。

ゼミでの決め事や省内人事にとどまらず、「既成事実の威力」は歴史を変えたことすらあります。一九三一年の満州事変から翌年の「満州国」建国しかり、二〇一四年のロシアによるクリミア・セヴァストポリ「編入」しかりです。また、これを行使してのしあがった会社もあります。「貨物トラックの営業免許には、一定の区域内で営業する区域免許と、区域間の輸送を行う路線免許の二種類がある。区域免許しかもたない佐川急便は、急成長をとげる過程で、都市計画法で路線免許業者のみに認められていた市街化調整区域内でのトラックターミナルの建設を、法を堂々と無視する形で各地で大規模に行って既成事実化させた」（山口 一九九三：二〇）。

佐川はぬかりなく政官界工作をやったことでしょう。やがて、当時の建設省が通達を出して、区域免許業者による市街化調整区域内でのトラックターミナル建設を認めてしまうのです。佐川の違法事業が一片の通達で合法的な事業に切り替わったのです。佐川が「既成事実の威力」を行使する背後で、族議員がうごめいたことは容易に想像できます。

さて、玉木が事務次官に就けば、同期の風越は退職するのが「お役所の掟」です。ところが、風越には玉木が占めていた特許庁長官のポストが用意されます。本来ならば、そこから通産本省に戻ることはありえず、「上がり」のポストです。風越は迷った挙げ句、このポストを引き受けます。丸尾次官は玉木に対して、今回は例外的な政治介入であるので、次の次の次官を風越にするよう迫りますが、「結局、丸尾の申し送りを尊重するという形で折り合うこととなった」〈二二九〉のでした。

第六章　春そして秋

日本中が熱狂した大阪万博

風越は特許庁長官としての就任あいさつの中で、「特許法について勉強する気はない」と率直に述べました。なのに、それを「特許庁長官として勉強する気はない」とあいさつしたと誤って伝えられ、苦境に立たされます〈二三二〉。しかし、持ち前の押しの強さで、特許庁の大幅な予算増と定員増を大蔵省から獲得したことから庁内の風越を見る目は変わり、あっという間に名長官との評判を得るに至ります。

一方、政界の動きはにわかにあわただしくなります。風越を疎んでいた大川副総裁が死去し、通産大臣は古畑から自由化慎重論者の梅石に代わります。自由化推進を主張してきた玉木次官は不利な形勢に追い込まれます。もはや次の次官は風越に譲らざるを得ないと玉木は腹を固めます。そんな省内情勢を悲観して、玉木好みの国際経験豊かな片山泰介が退職願を提出します。玉木は必死に慰留します。

「きみの同期では、きみがいちばん国際感覚がある。風越は庭野をばかに買っているが、あれは木炭車というあだ名どおり、純国産だ。政治感覚はともかく、国際感覚は大いに疑問だねえ」

玉木は、「国際感覚」という言葉を、くどいほど、くり返した。

片山たちが企画した大阪における万国博開催も、すでに閣議に提案され、了承を得ている。

「少なくとも、万博をやり抜くまでは、きみらの責任だ。国際感覚のない連中に任せたら、どんな失態を招くか知れんぞ」〈二四五—二四六〉

大阪万博（日本万国博覧会・ＥＸＰＯ70）といっても、若い方々にはピンとこないかもしれません。一九七〇年三月一五日から九月一三日まで大阪・吹田市の千里丘陵を会場に開かれた日本最初の万国博です。当時私は新潟の片田舎の小学二年生でした。「（近所の）だれそれさんが万博にいってきた」などと大人たちがうらやましそうに話しているのをうっすらと記憶しています。もちろん（？）わが家は行けませんでしたが、ＮＨＫが連日万博の模様を紹介するテレビ番組を流して、万博ブームを盛り上げました。芸術家の岡本太郎制作の太陽の塔は、大阪万博を象徴する建造物でした。いまでも万博記念公園に残っています。東京・多磨霊園にある岡本太郎の墓石も太陽の塔のイメージそのものです（図表・写真11）。

図表・写真11：多磨霊園にある岡本太郎の墓

2014年12月27日、東京・多磨霊園にて筆者撮影。

数ある展示物の中でも人びとが殺到したのが、アメリカ館に展示された「月の石」です。その大人気もあって、大阪万博の来場者は六四二二万人に達し、約一六〇億円もの黒字を出しました。

高度成長達成の「自己確認」

小説中の片山はのちの通産事務次官の山下英明がモデルといわれています。作家の堺屋太一（本名・池口小太郎）は元通産官僚です。堺屋は現役時代を振り返って、山下の次の一言が堺屋を万博開催へと駆り立てたと回想しています。

「通産省の先輩で、後に事務次官になる山下英明さんからお見合い話をいただいた折り、「いま結婚する気はありません」とお断りした。すると山下さんは「若い頃は一つのことにかけてみるのも悪くない。たとえば万博を開くとか」とおっしゃった」（「人生の贈りもの　作家・堺屋太一4」二〇一四年四月一〇日付『朝日新聞』夕刊）。

一九六二年のことです。当時堺屋はまだ入省三年目にすぎませんが、ひとり実現に向けて行動します。通産省幹部の公用車の運転手に万博の話を吹き込んだり、大阪商工会議所の専務理事に話して「東京が五輪なら大阪は万博や」とその気にさせたり。決定的だったのは、堺屋の動きを通産省の先輩で佐藤栄作の親戚である林義郎が目に留めて、佐藤につないだことでしょう。堺屋は「〔佐藤は〕次の首相になることを見据え、池田勇人首相の東京五輪以上の国際行事を求めていたのでしょう」と推測しています（「人生の贈りもの　作家・堺屋太一5」二〇一四年四月一一日付『同』夕刊）。林も退官後自民党の衆院議員となり当選を重ね、宮澤喜一内閣改造内閣では大蔵大臣を務めます。

通産省の前身である商工省の官僚から自民党参院議員となっていた豊田雅孝も、万博開催を強く求めました。彼は中止に追い込まれた一九四〇年の「紀元二千六百年記念」万博の担当課長だったのです。豊田は一九六四年四月二八日の参院内閣委員会で、東京オリンピックのあとは「産業のオリンピック」としての万博開催が「非常に意味がある」と述べました。福田赳夫通産大臣は「積極的に推進をしてまいりたい」と好意的に応じ、通産省は同年三月に一九七〇年の万博開催を提言します。

一九六五年五月、日本政府はパリの博覧会国際事務局理事会に一九七〇年万博の開催を申請し多くの支持をとりつけます。同年九月、同じく開催を目指していたオーストラリアのメルボルン市が開催見送りを表明したことで、大阪万博開催は事実上確定しました。実はこの正式名称は都市名を冠する慣行にならわず「日本万国博覧会」でした。開催が断念された「紀元二千六百年記念」万博の正式名称は、「紀元二千六百年記念日本万国博覧会」でした。慣行破りの命名にはこのリベンジが読み取れます。

いずれにせよ大阪万博は一九六〇年代の高度成長の到達点を示した「陽画」でした。その達成の「国家儀礼によ〔る〕自己確認」（吉見 二〇一一：六七）だったのです。対照的に、高度成長の「陰画」は七〇年安保闘争でしょう。

七〇年安保闘争という「陰画」

一九六〇年に締結された日米新安保条約（日本国とアメリカ合衆国との間の相互協力及び安全保障条約）は第十条で、「この条約が十年間効力を存続した後は、いずれの締約国も、他方の締約国に対しこの条約を終了させる意思を通告することができ」ると定めています。一九七〇年に一〇年の期限が来るのに備えて、その自動延長を阻止して「終了させる意思を通告」させることを目指した七〇年安保闘争が展開されました。

一九六〇年には「アンポハンタイ」の声は全国的に鳴り響きました。政界引退後のインタビューで、当時首相だった岸信介は「私に言わせれば、一部の者が国会の周りだけを取り巻いてデモっているだけで、国民の大部分は安保改定に関心をもっていない。その証拠に〔中略〕後楽園では何万の人が野球を見ている」と回想しています（岸ほか 二〇一四：二九〇）。首相にこんな強がりを言わせるほどの国民運動的な広がりは、七〇年安保ではみられませんでした。高度成長によって国民の生活水準が大きく向上した一方、運動の重要な担い手であった新左翼は内ゲバを繰り返して「ゆたか」になった国民から見放されていきます。前出の石川達三『青春の蹉跌』は神代《くましろ》辰巳監督・萩原健一主演で一九七四年に映画化されました。そこでもショーケンこと萩原健一が「ゲバかけられてるじゃないか」と語るシーンがあります。

当初不入りだった万博は五月の連休明けから連日満員の盛況ぶりに沸きます。多くの国民が万博に魅了される中、一九七〇年六月二三日、条約は自動継続されました。その後、新左翼は一九七二年の連合赤軍によるあさま山荘事件、その後明らかになった山岳ベースでのリンチ殺人事件によって、国民の信頼を完全に失います。

堺屋が当時七〇年安保闘争から逆算して、万博をセットしたとは思えません。ただ、結果として万博は、七〇年安保闘争から国民の目をそらす格好の「見世物」だったとはいえます。社会学者の吉見俊哉も「万博開催が、一九七〇年という年を「安保」の年から「万博」の年に象徴的に転換させてしまったことは事実である」と指摘しています（吉見二〇一一：一一四）。

話を小説に戻しましょう。片山に対する玉木の慰留説得は延々二時間に及びました。玉木は次官を風越に譲っても人事は壟断させないと片山の不安を懸命に払拭します。その間にいずれも国際派の牧と新谷重工業局次長を入れ替わり入室させ、片山に声を掛けさせるという心憎い演出まで施します。ついに片山は折れ、退職願を取り下げます。

戦後初の赤字国債発行へ

玉木が事務次官を一年五か月務めたあと、風越はその後任として通産省に返り咲きます。ですが、人事ついては玉木に釘を刺されており、官房長には新谷を起用せざるを得ませんでした。そればかりか、交代した時期にはすでに次年度予算の査定は最終局面を迎えており、この点でも風越カラーは封じられてしまっていました。それでも風越は不況脱却に黙っていられませんでした。記者会見で公債発行をぶち上げます。

〈とくに、今度の不況は、単なる金融政策によって解決できるものではなく、その奥に設備投資による構造的不況が控えているため、よほど大型の予算を組む必要がある。そのためには公債も発行すべきだ〉〈二五三〉

公債発行については、池内に代わって首相の座に就いた須藤恵作はまったく否定的でした。

〈不況による税収の落ちこみが予想されるため、新年度予算は一割削減を計る方針である。公債発行はインフレを招く心配があり、来年度はもちろん、その先も、一切、公債を発行する予定はない〉〈二五五〉

これに風越は憤慨のあまりこう口を滑らせてしまいます。

「何が恵作だ。須藤不作と改名したらいい」〈同〉

もちろんこの放言は須藤の耳にも入ります。さしもの風越も言葉が過ぎたと反省し、国会内で須藤と偶然すれ違ったとき、詫びを入れます。

　須藤は、厚い唇をゆがめて、

「ああ、あれか」

そのあと須藤は笑顔になり、思いがけぬことをいった。

「公債発行はなあ、風越君、国会の解散といっしょだよ」

「はあ？」

風越がけげんな顔で居ると、須藤は背を反らせて歩き出しながら、

「つまり、やらんやらんといいながら、やるものなんだよ」〈二五六—二五七〉

戦後日本の財政は一九四七年度から一九六四年度まで収支均衡予算を堅持し、国債は発行してきませんでした。国債発行抜きの予算など到底組めない現在ではとても信じられません。

小説の場面を現実に置き直すと、佐橋が通産事務次官になるのは一九六四年一〇月で、その翌月に佐藤が首相に就きます。一九六五年二月五日の衆院予算委員会で、佐藤首相は一九六八年度までは公債は発行しないと明言しています。ところが、その後財界から減税公債論が高まっていきます。法人税を大きく引き下げ企業の内部留保を積み増し、国際競争力をつけようという主張です。その穴埋めに公債を発行せよというわけです。

五月一七日の参院大蔵委員会では、田中角栄大蔵大臣が「当分の間〔公債は〕発行しない」と答弁しました。しかし直前に、二月の佐藤発言は「中期経済計画に〔そう書かれているので〕その意味で申し上げたわけでございます」と含みのある答弁もしています。中期経済計画の枠外ならば、一九六八年度より前にも発行できないことはないとほのめかしたのです。

同年六月に佐藤は内閣改造を行い、新たな蔵相に福田赳夫を起用します。福田も就任当初こそ公債発行は一、二年の準備をおいてからと慎重な姿勢をみせましたが、やがて来年度にもと軌道修正します。のちに述べるように、通産大臣となった三木武夫も「赤字補てんのためではいけないが、建設的な目的の公債発行はよいと思う」と発言します（一九六五年六月二一日付『読売新聞』夕刊）。

それでも、福田大臣は七月二一日の衆院大蔵委員会において「〔公債発行は〕今後の経済の推移に応じまして」と慎重でした。これはポーズです。流れはすでにできていて、八月四日付『読売新聞』は「年度内に赤字公債　蔵相、決意固める」と大見出しで報じたのです。

赤字国債発行の「面倒くささ」

公債（そのうち国が債務者になるものが国債です）には建設公債と赤字公債があります。財政法第四条は「国の歳出は、公債又は借入金以外の歳入を以て、その財源としなければならない。但し、公共事業費、出資金及び貸付金の財源については、国会の議決を経た金額の範囲内で、公債を発行し又は借入金をなすことができる」と定めています。

つまり、国は借金をすることは原則としてできません。ただし、公共事業のための建設公債は認められています。その発行によって建設される公共施設は後世の国民にも便益をもたらすからです。これに対して、単に税収不足を補うための赤字公債は不可とされました。それを許せば財政規律が乱れます。国の借金が一〇〇〇兆円を超えるいま、その極致に達しているといえるでしょう。

なぜこうなってしまったのか。その原点が一九六五年度の赤字公債発行にあります。このとき、大蔵省は財政法を改正して赤字公債発行を可能にするやり方をとらず、より安易な特別立法で切り抜けようとしたのです。それが「昭和四十年度における財政処理の特別措置に関する法律」です。第一条は「この法律は、最近における経済情勢にかえりみ、昭和四十年度における租税収入の異常な減少等に対処するため、必要な財政処理の特別措置を定めるものとする」と趣旨を述べます。つまり、一九六五年度の一年度に限る特例法としたのです。同法は一九六六年一月一八日に参院本会議で可決、成立しました。これに基づいて、同年度には実績ベースで、一九七二億円の赤字公債が発行されることになります（財務省のＨＰ「国債発行額の推移（実績ベース）」より）。

同法案をめぐる質疑が行われた一九六五年一二月二三日の衆院予算委員会で、赤字公債発行は今年度だけだと約束するか、と佐藤首相は質されました。首相は「私は、はっきりとお約束をいたしますが〔中略〕ことしは特異中の特異な財政状態であります。〔中略〕やむを得ずかような処置をとるのであります。〔中略〕もう重ねてかようなことはしないとお約束いたします」と答弁しました。

この約束はその後ずっと守られていきます。一九六六年度以降、建設国債は毎年度発行されたものの、特別立法で赤字国債を発行するという「禁じ手」は用いられませんでした。ところが、一九七五年度にオイルショック後の歳入不足を補うために、この禁は破られました。時の大蔵大臣は大平正芳です。「昭和五十年度の公債の発行の特例に関する法律」によって、二兆〇九〇五億円の赤字国債が発行されます。これも一年度に限った特例法です。大平は健全財政論者でした。大蔵省が五年を求めたのに対して、毎年度法案の成立を不可欠とする「面倒くささ」を設定することで、大平は赤字国債の発行を抑えようとしたのです。

とはいえ、この「面倒くささ」は衆参で過半数を握る自民党政権にとってたいした歯止めにはなりませんでした。それ以降毎年度、赤字国債発行のための特例法が恒例的に成立し、国の借金は膨らんでいきます。大平はこれに強い責任を感じて、自ら首相になるといまの消費税にあたる一般消費税導入を掲げて一九七九年一〇月の総選挙に挑み敗れます。なおも辞任しない大平と大平を引きずり下ろしたい反大平派が対立したまま、一九八〇年六月の衆参同日選になだれこみ、大平はその選挙戦の最中に死去したのでした。強い責任感が大平の死を早めたのです。ちなみに、大平は佐橋の三歳年長で、佐橋とは親しい間柄で麻雀仲間だったとのことです。

バブル景気によって税収が伸びた一九九一年度から一九九三年度まで赤字国債の発行はいったん止められますが、一九九四年度に再開され今日まで毎年度発行され続けています。二〇一四年度当初予算には、三五兆二四八〇億円の赤字国債発行が計上されました。

実は、これは次項で述べるように、「平成二六年度の公債の発行の特例に関する法律」などという一年度限りの特例法に基づくものではありません。

二〇一〇年七月の参院選で与党民主党は惨敗し、ねじれ国会の事態となりました。予算は衆院の優越で成立しますが、その歳入の一部の根拠となる特例公債法案は参院でも可決される必要があります。菅直人内閣第二次改造内閣の下で、二〇一一年度予算は成立したものの、「平成二十三年度における公債の発行の特例に関する法律案」は二〇一一年度に入ってもなかなか成立しませんでした。このまま進めば国家公務員の給与支払いが滞るばかりか、国民生活にも重大な支障を来しかねません。菅首相は自ら身を退くことと引き換えに、この法案成立を選びます。この法案は八月二六日にようやく参院本会議で可決、成立し、菅首相は九月二日に退陣します。

「赤字国債自動発行法」の成立

首相が代わったからといって、ねじれ国会状況が解消されるはずはありません。翌二〇一二年度も同じことの繰り返しとなり、野田佳彦首相も特例公債法案を成立させられないまま一〇月を迎えてしまいます。地方交付税の支給をはじめ執行停止に追い込まれる予算も出てきました。首相は一〇月一九日に自民党・安倍総裁、公明党・山口那津男代表との党首会談に臨み、解散の条件の一つとして、特例公債法案の成立を挙げました。その際、首相はいちいち特例公債法をつくるのではなく、予算案と一体で赤字国債を発行できるルールづくりも呼びかけました。

同年一一月一二日の衆院予算委員会でも、首相は二〇二〇年度にプライマリーバランスの黒字化を政府は掲げているのであるから、その間の赤字国債については「一体に処理しましょう」などと述べています。つまり、いずれにせよしばらくは赤字国債を発行せざるを得ないのだから、特例公債法を毎年度つくる面倒な手間はかけない法的手当をしようというわけです。

プライマリーバランスとは基礎的財政収支のことです。具体的には、歳入のうち国債発行などの借り入れ収入を除いたものと、歳出のうち国債など借り入れに対する元利払いを除いたものの収支を指します。二〇一四年度予算では歳入のうち公債金が四一兆二五〇〇億円で、歳出のうち国債費が二三兆二七〇二億円ですから、プライマリーバランスは大きく赤字になっています。これを、徐々に国債発行額を減らしていき、前者と後者が均衡すれば、その年度の税収で国債費以外が賄われていることになり、財政赤字を補うために借金を重ねる悪循環から抜け出せたことを意味します。

このときの答弁で、首相は「仮に我々が野党になったときはそのルールに従うわけですから、政局的に特例公債はもう使えません。ある意味のこれは武装解除みたいなものですが、こういうものを武器に持ちながら政策実現がゆがめられてしまうということはいけないと思います」とつけ加えました。これは正論です。特例公債法案を取引材料に野党が与党から譲歩を引き出すのは、党利党略のそしりを免れません。

野田首相は首相になる直前は財務大臣でした。その在任中に財務官僚から赤字国債の「一体処理」について知恵を授けられたのではないでしょうか。ともあれ、一一月一三日には、民主、自民、公明三党は二〇一五年度までの四年間は赤字国債を自動的に発行できるよう特例公債法案を修正することで合意します。自公両党にとっても、政権復帰後を考えた場合これで「面倒」が一つ減るので、悪い話ではありませんでした。

こうして二〇一二年一一月一六日に参院本会議で可決、成立したのが、「財政運営に必要な財源の確保を図るための公債の発行の特例に関する法律」です。その第一条は「この法律は、最近における国の財政収支が著しく不均衡な状況にあることに鑑み、平成二十四年度から平成二十七年度までの間の各年度の一般会計の歳出の財源に充てるため、これらの年度における公債の発行の特例に関する措置を定める」となっています。これにより、二〇一五年度までは特例公債法を毎年度つくる「面倒」はなくなりました。「赤字国債自動発行法」というわけです。

「面倒くささ」を回避しない

しかし、政争の具に用いるのは論外としても、民主政治の手続きとして「面倒くささ」はいわば「必要悪」だと私は考えます。将来の国民に負担をかける赤字国債の発行となればなおさらです。安易な発行を抑止する議論の場が失われてしまいます。

二〇一二年一一月一三日の衆院予算委員会で、みんなの党の江田憲司議員は大平蔵相の例を引いて、三党合意の安易さを批判しました。

「当時も、大蔵省の事務当局が、赤字国債を発行するのなら恒久法をつくろうじゃないか、毎年毎年審議するのは面倒くさいと言っていたにもかかわらず、言下に当時の大平正芳大蔵大臣は否定をされ、こうおっしゃったそうですよ。／大平大蔵大臣は、こういった麻薬のような特例公債、赤字公債を発行する、それについて毎年毎年、要するに、この特例公債法案を成立させる苦労をすることによって、赤字国債を抑制していこうという思いをいたさなければならない、こういうふうに述べておられるわけですよ。そして却下された。まさに財政規律を守る大蔵大臣」。

大平の良心に敬服するとともに、これを披露した江田の見識も讃えたいと思います。ただ、江田については、その後に残念な場面もみてしまいました。二〇一三年二月八日のことです。その後すぐに私はツイッターに次のように書き込みました。

「きょうの衆院予算委員会の様子を7時のＮＨＫニュースでみる。質疑に立ったみんなの党の江田憲司が両手をポケットにつっこんで、のけぞりながら総理に質していた。お前はそんなに偉いのか。人格は態度に表れるのだ。すごい嫌悪感を抱く。こいつはだめだ！」(@azusayui)

私のゼミ行事の「校外ゼミ」でお目にかかったさる超著名な政治家も、片手をポケットに突っ込んで会場に現れました。その瞬間、学生たちと私は息を呑みました。立ち居振る舞いは言葉以上のメッセージを与えます。その後のコンパで、「あれじゃあ嫌われるよなあ」と学生たちと話しあったものです。

鮎川の過労死

小説のトーンはこのあたりから暗くなります。産業資金課長から化学工業局の審議官に異動した庭野は、エチレン・センターの増設問題で業界の調整に忙殺され、父親の死に目に間に合いませんでした〈二五八〉。鉱山保安局長になっていた鮎川は夕張炭鉱でのガス爆発事故の対応のため、二週間も現地に詰め陣頭指揮を執ります。その疲れが癒えぬうちに、鮎川は官房長に栄転します。風越が放言するたびに鮎川以下の大臣官房は振り回されます。たまらず、鮎川は風越を諫めます。

「こういう問題は、面倒でも、慎重に正確に発表して下さい」

「そんな細かいことが、おれにできるか」
「それなら、黙っていて下さい」
風越は返事をしない。鮎川は、疲労のため蒼くむくんだ顔で、なおしばらく風越をにらみつけていた。〈二七〇〉
通産省の大型プロジェクトの予算折衝でも、鮎川官房長が省内を取り仕切り、大蔵省との交渉を連日続けました。自宅に帰れず職場近くに宿をとっての激務でした。
年が明けると、顔面はほとんど蒼白になり、少し歩くと息切れして、廊下半ばで立ち止まらねばならぬ有様であった。
さすがの風越も、その異常に気づいた。〈すぐ宿を引き払って、家へ帰り、十分静養しながら、必要やむを得ぬときだけ登庁するように〉と、厳命した。
だが、それから三日と経たぬ中に、たまたま風越が早朝登庁してみると、すでに官房長室に鮎川の姿があった。風越はどなりつけた。〈中略〉
風越が守衛室に電話して調べさせると、鮎川は午前六時に登庁したとのことであった。〈二七二〉
しばらくして鮎川は過労に倒れ、入院してわずか二〇日もしないうちに不帰の人となります。
鮎川のモデルとなった川原英之官房長は、一九六六年二月二七日に亜急性細菌性心内膜炎のため死去しました（一九六六年二月二八日付『読売新聞』）。これについて佐橋は「風穴のあいたようなうつろな気持から何日も抜けきることができなかった」（佐橋 一九六七：三〇三―三〇四）とその衝撃を綴っています。

鮎川のような過労死はどうすれば防げるのでしょうか。上司の風越に強いられたというより、自らの意思で無理を重ねていったのです。第四章でも著書を引用した、過労死問題に詳しい川人博弁護士は、「公務員自身に、社会的に意義ある仕事をしているのだから働き過ぎても仕方がない、との意識があるとすれば、そのような美徳観念を考え直す必要がある」（川人 二〇一四：二二二）と述べています。さらに、「私は、「過労死をしない方法は」と聞かれたときには、「義理を欠くこと」を勧めることにしている。心を鬼にしてでも「義理を欠く」気持ちがないと過労死を防げないのが日本の職場の実態である」（同二二七）とも指摘しています。

私の中学時代からの親友も、かつて職場での過剰なストレスがたたって二か月休職したことがあります。その彼と先日飲んだとき、「男気は出さないことだな」と彼が言ったことが耳に残りました。「風邪をおしてまでもみんなのために仕事をしたことが高く評価される風潮が、企業内だけでなく、社会全体に根強く残っている。（中略）健康を第一に行動すると「自分勝手」との批判を受けてしまうことが多い。「義理を欠くこと」は、こうした社会意識を変えていく重要な実践である」（同）。

「義理を欠くこと」を可能にしている、私の職場にまつわるちょっとした自慢をさせてください。私の勤務する学部では、一〇〇名からいる専任教員は学科などを単位として四つのいずれかのグループに所属します。教員人事や授業計画などはこれらグループの会議で話し合われたのち、学部の最高意思決定機関である教授会にかけられます。各グループにはそれぞれ会議を招集し主宰する長がいます。私の場合、政治学科に所属し、政治学科長が政治学科会議を主宰します。

他のグループの事情はよく知りませんが、政治学科には政治学科長代行を慣例的に必ず置いています。これは非公式のポストですので、たとえば学科長のように手当がつくことはありません。代行には負担をかけますが、こうすることで学科長がなんらかの理由で不在の場合でも会議を開催することができ、学科行政の停滞を回避できるのです。また、「風邪をおしてまでも」という学科長にかかる重圧も、多少は緩和されるはずです。もっとも、私が知る限り、学科長不在で代行が学科会議を主宰したのは、学科長が出張中に臨時に学科会議を開かなければならない案件が生じた一回しかありませんが。

それでも、「義理を欠くこと」のできる制度設計を事前にしておくことは、過労死を防ぐセイフティ・ネットになると考えます。

なぜ日産プリンスというのか

すでに述べたように、指定産業振興法案は審議未了による廃案の憂き目を見ました。しかし、風越は事務次官としてそこに描かれた理念を政策面で実現しようとします。過当競争を防止し国際競争力を高めるため、業界内の企業合併を誘導しました。手始めに、自動車業界でN自動車とP自動車を合併させることに成功します。

小説内ではイニシャルになっていますが、これが日産自動車とプリンス自動車工業の合併を指していることは自明です。一九六六年に日産はスカイラインなどの車種をもつプリンス自工を事実上吸収合併して、企業力強化を目指しました。『日産自動車社史』は、合併について誇らしげにこう記しています。

「当社は、自由化と体制整備は乗り越えねばならぬ課題であるとしても、さらにその後段に、国際企業として十分に伍していけるだけの実力を養うことを一大目標とし、その実現に努力したのであった。こうして達成された当社およびわが国産業界にとって重要な画期が、プリンス自動車工業株式会社との合併であった」（日産自動車株式会社社史編纂委員会編 一九七五：七）。

同社史によりますと、両社の合併はまったく極秘のうちに進められました。一九六五年三月二二日、桜内義雄通産相が川又克二日産社長に両社合併をもちかけ、三月二六日には両者に石橋正二郎プリンス自工会長を加えた会談が実現します。四月中旬にはおおよその目途をつけ、五月中旬に合併の大筋合意をみます。五月三一日に合併合意調印の運びとなり、翌日午後に合併が記者発表されます。同社史末尾に「プリンス自動車工業史」が収められていますが、そこにも「この合併は、両者の代表者を中心とする少数の責任者の間で交渉がすすめられ、世間はもちろん、社内管理職をはじめ従業員は夢想だにしないことであった」（同五〇〇）と書かれています。

小川秀彦プリンス自工社長は六月二日、社員に向けて「特別挨拶」を行います。

「企業合同については3か月ほど前から話があった。石橋会長と私だけが承知していた点については申しわけないと思っている。話のおこりは、3月の終わりに、当社の石橋会長と日産の川又社長が桜内通産大臣に招かれ、日本の自動車産業が自由化に耐えてゆくためにはもっと体質の強化をはからねばならず、そのため企業合同が必要である、と熱心に合併を要請されたことに始まる」（同）。

そして、「プリンス自動車工業史」は次の言葉で結ばれています。「日本自動車産業の草分けとして世界に鳴りひびく日産、そこにプリンス自動車の技術と開拓精神はいまも生き、輝き続けているのである」（同五〇五）。

現在も合併の名残は日産自動車の販売チャンネル（ディーラー）にみられます。私の住む東京・多摩地区には、日産プリンス西東京株式会社が四二店舗を展開しています。かつては「日産プリンス東京パルサーズ」という社会人アメリカンフットボールのチームもありました。

余談になりますが、日産自動車はJリーグの横浜F・マリノスの親会社です。なぜチーム名に

「F」がつくかといえば、一九九九年に横浜フリューゲルスと合併して、チーム名にフリューゲルスの「F」を入れたからです。つくづく合併に縁がある会社だと思ってしまいました。

エイジェンシー・スラック

次に風越が手がけたのは、鉄鋼業界の生産調整でした。供給過剰を食い止めるために、大手六社の減産調整案を通産省が作成しました。ところが、S金属だけがこれを呑もうとしません。その前に、通産大臣は梅石から九鬼に代わっていました。S金属の社長は九鬼と風越を口説きにかかります。九鬼は当たり障りのない返事をしたのですが、風越からは「あんたのところ一社だけのわがままを認めるわけには行かん」〈二六七〉とけんもほろろにあしらわれました。その怒りを新聞記者にぶちまけたところ、「風越大臣、九鬼次官」とからかう見出しが新聞紙上に躍ることになります。

S金属とは住友金属を、九鬼とは三木武夫を実際には指しています。いわゆる「住金事件」で、その事態の進展は次のとおりでした（次頁図表・写真12）。一九六五年秋のことです。

行政学で著名な理論に、本人—代理人理論（principal-agent theory）というものがあります。たとえば、有権者は選挙を通じて政治家を選び、その政治家に政治活動を委任します。この場合、有権者が本人あるいは依頼人であり、政治家は代理人という位置づけになります。有権者の依頼

図表・写真 12：住友金属に対する通産省の行政指導の経緯

日付	事態の推移
11.9	通産省→（行政指導）→鉄鋼大手各社：1965年度第3・4半期（10-12月）の粗鋼減産要領を指示
11.15	住友金属、粗鋼減産要領の拒否を表明
	通産省「住金が支持方針に従わない場合、輸入炭の割当制限によって対抗措置をとる」との強硬方針を表明
11.18	三木通産相と住金・日向方齊（ひゅうが・ほうさい）社長が会談→運用面での妥協案による解決に「大臣も一応これを了承したかにみえた」（住友 1967：259）
11.19	「大臣から「第三、第四・四半期を通じて指示案を全面的に受諾するよう」要請があった」（同 259-260）。 →住金、指示受諾を拒否し、自主生産を開始。 佐橋事務次官「たとえば粗鋼生産に関係のある原料炭の輸入割り当ての削減など実効ある措置をとることによって減産指示量の順守を確保することもやむをえないと考える」などと声明。 日向社長「まだ話し合いの余地があるし、納得のいく行政指導をあおぎたいと思っていたやさきに、佐橋次官の声明が出たのは意外だ。〔中略〕十八日、三木通産相と話し合った結果では〔中略〕前向きで善処するということで了解点に達し、事務当局間で話し合うことになった。ところが、その夜（十八日）の電話連絡で、三木氏はそれもできないとの意向を表明し、十九日朝、あらためて三木氏から電話で、通産省の減産指示を絶対に守ってほしいとの要請があった。」「三木は佐橋（通産次官）にふりまわされている。あれじゃあ佐橋大臣、三木次官のようなものだ」
12.27	住金・日向社長が三木通産相と面談し、通産省の指示に従うことを表明して決着。住金は生産調整に復帰。

年数はすべて1965年。当時の新聞・雑誌記事および住友（1967）を参照に筆者作成。引用文中の下線は引用者による。

を受けた政治家は官僚に政策の立案や実施を委任します。ここでは、政治家が本人あるいは依頼人であり、官僚は代理人です。

ここで注意しなければならないのは、代理人が本人の望むように行動するとは限らない点です。もし政治家が有権者の依頼どおりに行動するなら政治不信は生じないでしょう。日本国憲法前文第一文は「日本国民は、正当に選挙された国会における代表者を通じて行動し」と謳います。「行動し」の主語は、あくまでも「日本国民」です。あるいは、民主党政権が掲げた政治主導は官僚が政治家の依頼どおり行動させようとしたものでした。

大臣と事務次官の関係に当てはめれば、大臣は本人で事務次官は代理人です。「風越大臣、九鬼次官」などという事態は、本来であれば論理的にあるはずがありません。大臣の背後には彼／彼女を選んだ何万、何十万の有権者がいます。一方、事務次官といえどもその権限を支える国民的基盤はありません。そんな事務次官の下には、その省が全国津々浦々から集めた膨大な情報が上がってきます。大臣にはそのうちのどれだけが報告されるのでしょうか。

つまり、本人と代理人との間には「情報の非対称性」があるのです。患者（本人）と医師（代理人）の関係を思い浮かべれば明らかだと思います。患者がわからないことをいいことに、医師が診療報酬に目がくらんで余計な診療をすることがないとも限りません。官僚は政治家の無知につけこんで官益の拡大に走るかもしれません。こうした実態、つまり代理人の行動が本人本位でなくなる状況をエイジェンシー・スラック（agency slack）とよびます。スラックとはたるみの意味です。

葬式の政治学

鮎川官房長の「殉職」は前述のとおりです。風越は鮎川の葬儀を省葬として、みずからその葬儀委員長となって采配をふるいます。

風越は、何が何でも省葬をと思いつめていた。現職官房長の殉職にも等しい死である。省葬こそ当然の礼儀であり、それがまた省内の士気をふるい立たせることにもなると思った。〈二七四〉

葬儀には政治のエッセンスがつまっています。不遜を覚悟で申し上げれば、政治学の生きた教科書といってもいいでしょう。故人の関係者には、その葬儀に出るか出ないか、香典をいくら包むかなどの判断を迫られます。婚礼なら数か月前から心の準備ができますが、葬儀は瞬時の決断が求められます。これに対して、葬儀の主宰者にはどの程度の予算をかけるか、来場者の焼香の順番はどうするか、お斎の場の席順などなど、決めなければならない事柄が山のように降りかかります。悲しんでいる暇などありません。私の父の葬儀のとき、叔母が言った一言を私は忘れられません。「だれだれさんの葬儀で、焼香の順番をめぐって不満に思った人がいて、いまだに尾を引いている」と。

葬儀をどう位置づけるかも大きな問題です。実際に川原官房長の葬儀は通産省葬として執り行われました。佐橋は火葬場から呼び出されて国会対策委員会で詰問を受けます。省葬として国費を用いるのはやり過ぎたというわけです。佐橋は反論します。「省内の信望を一身に集めていた彼を省葬で弔うのは彼に対する礼儀でもあり、省内の士気振興上も当然だと考えている」（佐橋一九六七：三〇五）。

私はこの佐橋の抗弁には説得力はないと思います。「省内の信望を一身に集めていた」から省葬にする。言い換えれば、信望のない官房長が殉職した場合には省葬にはしないと言っていることになります。信望のあるなしはだれが決めるのか。そこに恣意性が入り込みます。葬儀の位置づけの基準は、客観的な「外形標準」で決めるべきでしょう。公金を使うとなればなおさらです。

ちなみに、私の勤務する学部には、現職教員が亡くなった場合は教授会冒頭に黙祷を捧げる慣例があります。言い換えれば、在職中に学長や学部長など大学や学部に貢献の著しかった方でも、退職したあとに亡くなった場合はその対象になりません。杓子定規な対応に不満を抱かれる場合もあることでしょう。とはいえ、「貢献」の線引きは困難ですから、これが公平なやり方だと考えます。

私はゼミの学生に、社会に出たら職場の葬式には必ず出席するように言っています。葬式は予告なしにやってきます。それに出るということは、それだけ故人を尊重していることを示唆します。いやな話ですが、葬式に行けば参列者はみな無意識にだれが来ていてだれが来ていないとチェックしています。人は口先ではなく行動で他人を判断します。思わぬところで不興を買わないようにと諭しています。

こうした「葬式の政治学」を直感的に理解していたのが田中角栄です。

「田中は毎年夏になると軽井沢でゴルフ三昧の毎日を送るのを楽しみにしていた。この間は結婚式の挨拶や会合への出席を一切断ったが、葬式にだけは必ず足を運んだ。／福田派の客分格、松野頼三は田中の政敵で鋭い舌鋒で田中の行動を批判していたが、その夫人がなくなったとき通夜の席に突然田中が現れた。ぎょっとした松野になんのこだわりもなく丁寧に弔意を述べた。それだけではなく行事の終わるまで残った。以来、松野の舌鋒は次第に和らぐことになる」（水木二〇〇一：一九八―一九九）。

派閥数は（M+1）に

風越は鮎川の後任の官房長に、風越に近い観音寺を鉱山局長から充てます。あいた鉱山局長には、風越と距離を置きはじめた牧を登用します。こうして、風越はいよいよ退官の腹を固めます。風越が理想とした鮎川―庭野という人事構想はすでに破綻し、風越は後任の次官を決めかねていました。四人の候補が残ってしまったのです。人事の風越の哀れな末路です。

一人は前任次官の玉木派の白井です。白井は次官待ちポストといわれる企業局長をすでに二年半も務めていました。風越派として鷹部通商局長と門田重化学工業局長も残っていました。中間派として野本中小企業庁長官もはずせません。決めきれぬまま、風越はS金属の騒動で折り合いが悪くなった九鬼大臣に決定を委ねます。

鷹部も、門田も、九鬼によって斥けられた。ただ九鬼は、そこで白井を推すとはいわなかった。

「風越君、いまいちばん大事なのは、和だと思う。三人のだれを出しても、波風が立つ。野本君なら人柄からも立場からも、省内の和が保たれると思うね」〈二七七―二七八〉

なぜ小説中の通産省は風越派と玉木派に分かれてしまったのでしょうか。「民族派」と「国際派」という政策の違いはもちろんあります。しかし、事務次官には一人しかなれないことで、省内が風越派と玉木派の二派閥に収斂していったと考えることもできます。

選挙では、ある選挙区でM人の当選者が出る場合、有力候補者は（M＋1）人になることが、理論的にも実証的にも指摘されています。たとえば、ある選挙区で三人の当選者が出るとしましょう。A、B、C、D、E、そしてFの五人が立候補していると仮定します。選挙の事前予測はA＞B＞C＞D＞E＞Fだとします。すると、三人が当選するわけですから、A候補の支持者は自分の一票をより活用するために、当落線上にあるC候補ないしD候補に入れようとするかもしれません。これを「戦略的投票」といいます。同じく、F候補の支持者は落選確実のF候補に入れて死票になるよりは、C候補とD候補のうちF候補と比較的政策的距離が近い方に投票しようと思い直すでしょう。

自分の一票をむだにしたくないと考える戦略的投票を有権者が行うことで、有力候補者は（M＋1）人に絞られていきます。

投票は「信仰告白」とは異なります。戦略的に考えて、より悪くない候補に投票すべきです。その意味で、二〇一四年の都知事選は大きな教訓となりました。本命の舛添要一候補に対して、対抗が宇都宮健児候補と細川護熙候補に分裂してしまったのです。「M＋1ルール」からいえば、宇都宮候補と細川候補は勝つためには一本化すべきでした。結果は、両候補は舛添候補にダブルスコアの惨敗を喫しました。

過去の都知事選を振り返ると、次点候補者が当選者に最も肉薄したのは、一九六七年の都知事選です。当選した美濃部亮吉の得票は二二〇万〇三八九票なのに対して、次点の松下正寿は二〇六万三七五二票でした。美濃部の得票を分母にして松下のそれを分子にした松下の「惜敗率」は九三・七九％です。惜敗率歴代第二位は、一九五九年の都知事選で、当選した東龍太郎に対して次点の有田八郎の得票は九一・〇〇％でした。さて、二〇一四年の都知事選で宇都宮候補と細川候補の得票合計は一九三万八六六五七票です。舛添候補は二一一万二九七九票でした。宇都宮・細川両候補の合計票の惜敗率は九一・七五％になり、歴代都知事選で第二位に相当します。絶好のチャンスにみすみす利敵行為を犯してしまったのではないかと、私は歯がみした次第です。

衆院の中選挙区制時代、各選挙区の当選者は原則として三人から五人でした。ですので、自民党の派閥は五派閥に収斂しました。「M＋1ルール」を経験的に裏打ちするものです。M＝1の場合、二つの派閥が生まれるのは論理的必然でしょう。

筒井康隆の小説『文学部唯野教授』で、唯野教授が勤務する早治大学文学部の学部長選挙の様子を唯野教授が語るシーンがあります。そこには次のような注が付けられています。

「通常は二年か三年に一度、三月に〔学部長選挙は〕行われる。下準備の始まる前年度の夏から十月、十一月にかけては、教授から講師にいたる全員の投票であるため、裏工作が盛んになり、本命と対抗で学部は完全に二つに分裂する」（筒井 一九九〇：四四）。

唯野教授のところでは、「反対勢力ぶっ潰すために相手方の教授を料理屋へつれ出して自分の陣営にひっぱりこむとかさあ」（同四五）といった選挙工作が繰り広げられるそうです。

これも「M＋1ルール」を傍証しています。いかなる組織でも、頂点のイスが一つであれば二つの派閥が生じます。ですが、それは組織として健全なことだと思います。多元性が担保されている証拠だからです。派閥すらない組織は息が詰まりそうです。同じような経歴の裁判官の出世ポストである最高裁事務総局の幹部たちには、派閥すら存在しないと某新聞社の司法部記者から聞いたことがあります。「血が濃すぎる」とその記者は嘆いていました。

第七章　冬また冬

「人間の評価は他人が決める」

風越は退官後は悠々自適の日々を送っていました。唯一の心配事は通産省の人事の行方でした。鮎川の後任の官房長に収まった観音寺はその後企業局長、次官と順調に出世しました。観音寺の後任の官房長には、観音寺と同じように鉱山局長だった牧が就きます。一方、風越が目に掛けていた庭野は省内Bクラスと目される局長在職中に肝臓を病んで休職し、復帰してあてがわれたポストがまたBクラスの繊維局長でした。Bクラスとはいえ、当時は日米繊維交渉を間近に控えており、病み上がりの庭野にこの激務をこなせるのか。風越はこの人事を事実上決めた牧官房長に電話で抗議します。

「ずいぶん乱暴な人事をするじゃないか。庭野を殺す気か。片山のような元気なやつが居るというのに、なぜ庭野を」

〈中略〉

「風越さんも買って居られたように、彼は格別ねばり強いし、説得力もある男です。日米繊維には、彼のような男が必要なんです」

「しかし、あいつは病み上がりだ。激務に耐えられるはずがない。それでいて、その役になれば、命がけでとことんまでやる。つまり、庭野に死ねというのといっしょだ。人材を殺してしまっては、とり返しがつかんぞ」

〈中略〉

「風越さん、どうか外部から人事に干渉しないで頂きたい」〈二八〇—二八一〉

パリで五年間も無聊な日々を送っていた牧を通産省に呼び戻し、日の当たるポストに就けたのは風越です。恩人の風越に牧はひじ鉄を食わせたのです。風越の心中は察するに余りあります。ただ、現役時代、省内の人物評価を公言してはばからなかった風越にも落ち度があったと言わざるを得ません。

たとえば、風越は「十一年組にはタマが居らん」〈二四六〉とよく省内でこぼしていました。昭和一一年度入省の官僚たちには、次官になるような優秀な人材はいないという意味です。当然「十一年組」の耳に入ります。彼らは政策以前に感情的にすでに反風越派になってしまいます。庭野と同期の片山についても「問題外だ。タマにはならん」〈二三六〉と鮎川にきっぱり告げます。そこで鮎川に諭されます。

「おやじさん、あまり庭野のことを引き合いに出さんで下さい」

「どうしてだ。同期生を比較して、なぜ、いけないんだ」

「庭野が迷惑します。ひいきの引き倒しになるのです。庭野は庭野、片山は片山、それでいいじゃありませんか」〈同〉

プロ野球・楽天イーグルスの元監督の野村克也は、「その人間の価値を決めるのは自分ではない。他人によってなされるのであり、他人が下した評価こそが正しい」（野村 二〇〇九：一七七）という名言を吐いています。組織内において人は同僚、上司、部下などからどうみられているか、常に気にしています。そして、他人が下す評価を高めようと心を砕いているのです。この点について、前出の経済学者・野口悠紀雄は鋭い指摘をしています。

「次期社長候補の最右翼である常務を、酒席で「うっかり」、「社長」と呼んでしまい、「失礼しました」というのは、現代日本に生息するゴマスリ・サラリーマンの常套手段だ」（野口 二〇一三：六三）

このくだりを読んだとき、私は次期学部長候補者にこの手を使おうとニヤリとしてしまいました（実際まだ実行していませんが！）。

悪のりして、もう一節引用しましょう。

「「あなたは本当は実力があるのに、周囲が評価しない」は、万能の褒め言葉なのである。／これほど、どんな人にも、どんなケースにも当てはまる命題は、他に思いつかない。例えば、あなたの上司のA氏が、同期のライバルB氏に先に役員入りをはたされて、腐っているとする。そのときは、こう言えばよい。／「あなたはBさんよりずっと実力があるのに、いまの会社幹部にはそれが分からないらしい。妙な人事だと、皆で話していますよ。いずれBさんは馬脚を現わして失脚するでしょうが」。あなたに対するA氏の覚えが、いとめでたくなることは、間違いない」（同七二）。

これにはコメントを差し控えさせていただきます。

いずれにしても、人は他人の評価を気にして生きています。次の台詞はキューバのカリスマ的指導者だったカストロだからこそ言えるのです。

「私は今までに1秒たりとも――人が自分をどう見るか考えたことはない」（映画『コマンダンテ』（二〇〇三）より）

牧は二期下の庭野を公然と讃えてやまない風越に、不快感をため込んでいたのでしょう。風越は墓穴を掘ったのです。「国士型官僚」である風越に細やかな気配りを期待するのは、ないものねだりなのでしょうか。

日米繊維交渉

通産省は一九六〇年代に特振法案を立案して、日本企業の対外競争力を官僚主導で高めようとしました。それが廃案となっても、通産省は日産自動車とプリンス自工の合併を誘導するなど過当競争の防止と競争力強化を図っていきます。その結果、安くて質のよい日本製品が大量にアメリカに輸出される事態が生じます。日米貿易摩擦です。日本製の自動車や家電製品がアメリカの工場労働者たちによって破壊されるシーンを、テレビでみた記憶のある方もおられるでしょう。摩擦解消のため日米間で交渉がもたれます。その最初の代表的な事例が日米繊維交渉です。

対米繊維規制は、須藤総理が沖縄返還と引きかえに約束してきたといわれ、通産省としては、はじめから勝ち目のない戦いであった。だが、庭野は抵抗した。大臣は矢沢であった。〈日米百年の大計のため、涙をのめ〉という矢沢にも、庭野はくいついた。〈中略〉

春、夏、そして秋。牧が、次期次官の椅子である企業局長に進んだ。一方では、庭野の孤独で無定量・無際限の戦いが続いていた。医者から厳禁されていた酒だけが庭野の救いになった。〈中略〉

そして、また冬。冷えこみのきびしい夜、〈風越が〉新橋の小料理屋で新聞記者の西丸とのんでいるとき、庭野が倒れて病院へかつぎこまれたという報せがきた。〈二八一―二八二〉

戦後日本の、わけても佐藤首相の最大の悲願は沖縄返還を平和裏に実現することでした。沖縄返還交渉と日米繊維交渉が同時並行的に進められることになります。前者については、佐藤が若き国際政治学者である若泉敬を密使として交渉に当たらせたことはよく知られています。後者については通産大臣が交渉の矢面に立ちました。

小説中の矢沢は宮澤喜一元首相がモデルです。宮澤は一九七〇年一月から半年間、通産大臣を務めました。その前任者は大平です。一方、アメリカはニクソン政権でした。ニクソンは一九六〇年の大統領選挙でケネディに敗れた後、一九六八年の大統領選挙に再び立候補して雪辱を果たしました。その際、ニクソンは南部の票をとるために、そこに住む繊維業界関係者に繊維について日本に規制させると公約していたのです。当選後、日本の自主規制を求めて対日圧力を強めていきます。

これに対して日本側は、確かに日本の繊維製品の対米輸出は伸びているけれども、それがアメリカに深刻な被害をもたらしてはいないとの立場でした。大平通産相は「被害なきところに規制なし」と、アメリカ側の担当責任者であるスタンズ商務長官に返答します。それでも相手のメンツを立てるため、通産省から調査団を派遣すると約束しました。被害の実態を十分に調査させるとともに、多国間協議を申し出るなど軟着陸を図ろうとします。

その後、大平は宮澤をゴルフに誘います。

「ちょうど昭和四五（一九七〇）年のお正月ですが、私〔宮澤〕は大平通産大臣から、珍しいことですがゴルフを一緒にしようと誘われまして〔中略〕スリーハンドレッド・クラブに行ったんです。〔中略〕一二月も押し迫って総選挙がございました。したがって、大平さんと私がスリーハンドレッド・クラブに行ったのは、新内閣発足寸前のことでした。大平氏はおそらく通産大臣に留任するであろうということから、繊維交渉をしなければならない。それはGATTなどと関係が多いものですから、私のGATTの経験などについて、大平氏は聞きたかったんだろうと思うんですね」（御厨ほか二〇〇五：二三七）。

ところが、この内閣改造で宮澤が通産大臣に就任します。留任確実とみられていた大平を更迭したことに佐藤首相のいらだちが示唆されています。宮澤が乗り込んだ通産省は繊維業界と一致して規制反対を唱えていました。一方、佐藤は沖縄返還に絡めて繊維交渉で日本から妥協を引きだそうというアメリカの意図を知り抜いていました。宮澤によれば、「沖縄という大きな国益のために、殊に日本の繊維業界がアメリカをそんなに困らせているのなら、それは規制するのが国益に合うと考えられたのだろうと、私は想像します」（同二四三）。

佐藤のそうした真意を忖度しつつ、宮澤は一九七〇年六月に渡米します。アメリカ側との交渉は難航して、ついには「合意に達することは可能ではないとの結論に達した」（同二四八）と共同声明を出すことになりました。「力ずくでやるということは、どうも私にはよくないと思う。私にはできない」（同二三九―二四〇）。宮澤のように正攻法に頼っていては、「解」は導き出せなかったのです。

「糸で縄を買った」

宮澤渡米の翌月、通産大臣は田中角栄に代わります。就任後さっそく、角栄はニクソン大統領の特使であるデヴィッド・ケネディとの会談をもち、先送りでは問題は解決しないことを痛感します。九月に角栄は日米貿易経済合同委員会に出席するため、アメリカ・ウィリアムズバーグに向かいます。当地で日本の立場を熱くまくし立てます。同行した通産官僚は快哉を叫びます。角栄の人心収攬術の面目躍如です。

帰国後まもなくして、角栄は大臣室に通産幹部たちを集めます。そこで奇想天外な構想を発表したのでした。すなわち、規制なしでの繊維輸出の伸び率から規制をかけた場合の伸び率を差し引きます。これが規制によって日本の繊維業界が被る損失です。「得べかりし利益」です。それを金銭で補償しようというのです。その額約二〇〇〇億円。これは通産省の予算総額を超える途方もない金額でした。角栄は佐藤首相、水田三喜男大蔵大臣と交渉して、「力ずく」で二〇〇〇億円の補正予算を組ませたのです。首相は沖縄返還を円滑に進めるにはやむを得ないと腹をくったのでした。「糸で縄を買った」といわれる所以です。

強引で「現金」な角栄のやり方を非難するのは簡単です。ただ、前出の中川村の曽我村長はこう言っています。

「官僚というのは組織に埋没していて、個人責任というのは問われない。〔中略〕先例にならって今までどおりのことを続けていけば〔中略〕おかしくても別に個人の責任ではないんです。ところがそれを変更するとなったら、自分が変更するわけだから、そこに個人責任が発生する。それを覚悟でやらなければいけなくなるので、どうしてもズルズルと従来どおりに引きずられてしまうことが多いんじゃないかなと思います」（曽我 二〇一四：三五）。

角栄は官僚にはない「責任」と「覚悟」をもった、あるいはそうした官僚の限界を見抜いた政治家だったことは確かだと考えます。宮澤も「田中さんが政治家であって私が政治家でなかったところですね」（五百旗頭ほか 二〇〇六：一二七）と語っています。

夏にはじまり冬に終わる

小説の最後で、風越が新聞記者の西丸とともに、新橋の小料理屋から庭野が入院した病院に向かうタクシーの中で、西丸は風越に語りかけます。「ケガをしても突っ走るような世の中は、もうそろそろ終わりや」〈二八三〉。

確かに風越が好みの全力疾走タイプの鮎川は「殉死」し、庭野は病に倒れました。日本の官僚像は、一九六〇年代まで幅をきかせた政治から超然とした「国士型官僚」から、一九七〇年代の政策決定において政治と対等の関係を意識する「調整型官僚」へと変わっていきます。しかしそれが政治家との癒着や公私混同による汚職をもたらし、一九九〇年代には強い批判を浴びます。その結果、政治の決定を粛々と実行することを分とする「吏員型官僚」が大勢を占めるに至ります。

さりとて、以下のような「吏員」的状況を読むとき、「おれたちは代議士の召使いじゃない」

〈九五〉と公言してはばからない「国士型官僚」風越の気骨も、あながち傲慢とは思えなくなります。

「たとえば自民党のセンセイから「あれはどうなっている?」という電話が一本入ったとする。そうなると役所はてんやわんやだ。あらゆる仕事を放り出し、センセイへの説明資料を事細かに作成する。〔中略〕完成した資料を手に、すべての予定を組み直して課長クラスが議員事務所まで赴き、資料を基に丁寧なレク（レクチャー）をする。／「ご質問の件は現在、こういう状況になっております」／もちろんその鞄持ちとして、係長やヒラの職員も同行する。こうして一本の電話だけで、課の仕事は大方がストップしてしまうのだ」（西村 二〇〇二：二〇二）。

『官僚たちの夏』は「国士型官僚」たちの活気あふれる夏にはじまり、その退場を示唆する夢破れ寂寥感漂う冬に終わります。なんともにくい季節感の演出です。

あとがき

同じロゴスからの前著『オーウェル『動物農場』の政治学』を刊行したのは二〇一〇年のことである。同社の入村康治（村岡到）氏から同じスタイルの続編をと打診があったのはいつだったか忘れてしまったが、城山三郎の『官僚たちの夏』を素材にしようということはすぐに決まった。

本文の冒頭にも記したが、古本で購入した佐橋滋の『日本への直言』が佐橋のサイン入りだった。それを入村氏に伝えたところ、「佐橋のサイン、ビックリです。何かの縁でしょう。やはり執筆するようにということでしょう」と返信をもらった。メールの日付は二〇一一年一〇月二四日となっている。それからもう三年以上が過ぎてしまった。

入村氏は「新著どうなっていますか」という督促と「無理しなくていいですよ」という懐柔を巧みに用いながら、それこそ長期多角的に私を「追いつめて」くれた。その間、執筆に行き詰まる一方で奇抜な新テーマも思いついたのだが、諸般の事情でもとのさやに収まることになった。入村氏の忍耐力に感謝と敬服を捧げるのみである。

新潟の実家で一人暮らしをしている母が二〇一四年の六月で傘寿を迎えた。「貧農の六女に生まれ雛もなし」と自分で俳句に詠むほど、貧しさとがまんの子ども時代・青春時代を送り、結婚後も相変わらず貧しかった。そのため、ずいぶんくやしい思いもしたことだろう。「お父さんは実力はあるんだけど運がない」とこぼしながら、零細建設会社に勤める父を「内助の功」で必死に支え、私と弟を懸命に育ててくれた。自分のことはいつも後回しであった。その人生の元を取るために、元気で長生きしてほしい。それを念じて本書を閉じることにする。

二〇一四年一二月二九日

西川伸一

図表・写真一覧

参照・引用文献およびホームページ一覧

（筆者などの五〇音順。文献名のあとの［　］にある漢数字は、その文献・HPを参照・引用した本書での章を示す。［プ］は「プロローグ」）

赤松良子（二〇〇三）『均等法をつくる』勁草書房。［一］
浅野一郎・河野久編著（二〇一四）『新・国会事典〔第3版〕』有斐閣。［五］
飯尾潤（二〇〇七）『日本の統治構造　官僚内閣制から議院内閣制へ』中公新書。［三］
五百旗頭真・伊藤元重・薬師寺克行編（二〇〇六）『90年代の証言　宮澤喜一　保守本流の軌跡』朝日新聞社。［七］
石川達三（一九七一）『青春の蹉跌』新潮文庫。［五］
――（二〇〇〇）『金環蝕』岩波現代文庫。［五］
石川義夫（二〇〇六）『思い出すまま』れんが書房新社。［三］
石原慎太郎（一九九九）『国家なる幻影　わが政治への反回想』文藝春秋。［二］
伊藤大一（一九八〇）『現代日本官僚制の分析』東大出版会。［三］
内山融（二〇〇七）『小泉政権　「パトスの首相」は何を変えたのか』中公新書。［三］
「ウワサの中の実力者・三木武夫　行きすぎた低姿勢と批判される次期総裁候補の胸の中」（一九六六）『週刊文春』一九六六年一月三一日号。［六］

オーウェル、ジョージ、高橋和久訳（二〇〇九）『一九八四年〔新訳版〕』ハヤカワepi文庫。［五］
大野伴睦（一九六二）『大野伴睦回想録』弘文堂。［五］
大山耕輔（一九九六）『行政指導の政治経済学　産業政策の形成と実施』有斐閣。［二］
緒方克行（一九七六）『権力の陰謀〈九頭竜事件をめぐる黒い霧〉』現代史出版会。［五］
岡村正史（二〇〇八）『力道山――人生は体当たり、ぶつかるだけだ――』ミネルヴァ書房。［五］
柏倉康夫（二〇一一）『指導者はこうして育つ　フランスの高等教育グラン・ゼコール』吉田書店。［一］
兼子仁（一九九四）『行政手続法』岩波新書。［二］
兼田麗子（二〇一二）『大原孫三郎――善意と戦略の経営者』中公新書。［五］
川人博（二〇一四）『過労自殺 第二版』岩波新書。［四］［六］
菊池正史（二〇一三）『官房長官を見れば政権の実力がわかる』PHP新書。［二］
菊池嘉晃（二〇〇九）『北朝鮮帰国事業　「壮大な拉致」か「追放」か』中公新書。［三］
岸信介・矢次一夫・伊藤隆（二〇一四）『岸信介の回想』文春学藝ライブラリー。［六］
国正武重（二〇一四）『伊東正義　総理のイスを蹴飛ばした男―自民党政治の「終わり」の始まり』岩波書店。［四］
草森紳一（二〇〇九）『中国文化大革命の大宣伝［上］』芸術新聞社。［四］
久米郁男（二〇〇五）『労働政治　戦後政治のなかの労働組合』中公新書。［五］
クロマティ、ウォーレン／ホワイティング、ロバート、松井みどり訳（一九九一）『さらばサムライ野球』講談社。［四］
ケニー鍋島（一九九三）『永田町仰天日記』飛鳥新社。［五］

「河野人事で首が飛んだ人々　建設省高級官僚異動の背景」（一九六二）『週刊新潮』一九六二年九月三日号。〔四〕
「公務員制度の総合的な改革に関する懇談会」報告書〔四〕
http://www.kantei.go.jp/jp/singi/koumuinkaikaku/pdf/houkoku1.pdf
古賀茂明（二〇一三）『信念をつらぬく』幻冬舎新書。〔一〕
「国債発行額の推移（実績ベース）」‐財務省〔六〕
https://www.mof.go.jp/jgbs/reference/appendix/hakkou01.pdf
「国境なき医師団が決死の警告　TPPは途上国医療を破壊する」（二〇一四）『週刊朝日』二〇一四年六月二〇日号。〔三〕
後藤田正晴（一九八九）『内閣官房長官』講談社。〔一〕
後藤基夫ほか（一九八二）『戦後保守政治の軌跡　吉田内閣から鈴木内閣まで』岩波書店。〔四〕
小西德應編著（二〇一一）『三木武夫研究』日本経済評論社。〔二〕
小林良彰（二〇〇〇）『選挙・投票行動』東大出版会。〔六〕
「今後の公務員制度改革について」平成25年6月28日　国家公務員制度改革本部決定〔四〕
http://www.gyoukaku.go.jp/koumuin/sankou/11.pdf
斎藤充功（二〇〇四）『昭和史発掘　開戦通告はなぜ遅れたか』新潮新書。〔四〕
境政郎（二〇一二）『水野成夫の時代　社会運動の闘士がフジサンケイグループを創るまで』日本工業新聞社。〔一〕
榊東行（一九九八）『三本の矢〔下〕』早川書房。〔三〕

榊原英資（二〇一二）『財務省』新潮新書。［一］
佐々木信夫（二〇〇九）『地方議員』ＰＨＰ新書。［二］
佐高信（二〇〇九）『『官僚たちの夏』の佐橋滋』七つ森書館。［三］［六］
佐藤榮作（一九九八）『佐藤榮作日記　第二巻』朝日新聞社。［五］
佐橋滋（一九六七）『異色官僚』ダイヤモンド社。［一］［二］［三］［四］［五］［六］
――（一九七二）『日本への直言』毎日新聞社。［プ］［一］［三］［四］
佐橋滋・吉田夏彦編（一九八四）『「１９８４」オーウェルの警告に答えて　バイオテクノロジー社会と人間の自由』日本放送出版協会。［三］
柴田英樹（二〇一二）「働く人の生活時間の現状と長時間労働への対応」『立法と調査』第三三五号。［二］
シュミッター、フィリップ／レームブルッフ、ゲルハルト編、山口定監訳（一九八四）『現代コーポラティズムⅠ　団体統合主義の政治とその理論』木鐸社。［五］
シュミット、カール、田中浩・原田武雄訳（一九七〇）『政治的なものの概念』未来社。［五］
――、稲葉素之訳（一九七二）『現代議会主義の精神史的地位』みすず書房。［五］
ジョンソン、チャーマーズ、矢野俊比古訳（一九八二）『通産省と日本の奇跡』ＴＢＳブリタニカ。［二］
城山三郎（一九九七）『わしの眼は十年先が見える　大原孫三郎の生涯』新潮文庫。［五］
城山英明ほか編著（一九九九）『中央省庁の政策形成過程―日本官僚制の解剖―』中央大学出版部。［一］
新藤宗幸（一九九二）『行政指導―官庁と業界のあいだ―』岩波新書。［二］
鈴木宣弘ほか（二〇一三）『ＴＰＰで暮らしはどうなる？』岩波ブックレット。［三］

鈴木宗男（二〇〇六）『闇権力の執行人』講談社。［二］
曽我逸郎（二〇一四）『国旗、国歌、日本を考える　中川村の暮らしから』トランスビュー。［三］［七］
曽根泰教・金指正雄（一九八九）『ビジュアル・ゼミナール日本の政治』日本経済新聞社。［一］
高橋洋（二〇一〇）「内閣官房の研究——副長官補室による政策の総合調整の実態」『年報行政研究』第四五号。［一］
竹下登（二〇〇一）『政治とは何か——竹下登回顧録』講談社。［三］［四］
竹信三恵子（二〇一三）『家事労働ハラスメント——生きづらさの根にあるもの』岩波新書。［二］
為末大（二〇一三）『「遊ぶ」が勝ち　『ホモ・ルーデンス』で、君も跳べ！』中公新書ラクレ。［四］
「男女共同参画社会に関する世論調査」（平成24年10月調査）- 内閣府［三］
http://www.gender.go.jp/public/kyodosankaku/2012/201303/201303_05.html
筒井康隆（一九九〇）『文学部唯野教授』岩波書店。［六］
津本陽（二〇〇三）『異形の将軍　田中角栄の生涯(下)』幻冬舎。［三］
中澤雄大（二〇一三）『角栄のお庭番 朝賀昭』講談社。［三］［七］
中邨章・市川宏雄（二〇一四）『危機管理学　社会運営とガバナンスのこれから』第一法規。［四］
西川伸一（二〇〇二）『官僚技官　霞が関の隠れたパワー』五月書房。［四］
——（二〇一〇）「鳩山民主党政権のあやうい政治主導——習近平・中国副主席の天皇特例会見をめぐって」『プランB』第25号、ロゴス。［二］
——（二〇一三）「(創作) もし新左翼の活動家がオーウェルの『動物農場』を読んだら」佐藤義夫編『オー

ウェルと旅』音羽書房鶴見書店。〔一〕
西村健（二〇〇二）『霞が関残酷物語　さまよえる官僚たち』中公新書ラクレ。〔一〕〔七〕
日産自動車株式会社社史編纂委員会編（一九七五）『日産自動車社史　1964―1973』日産自動車株式会社。〔六〕
「Ⅱ種・Ⅲ種等採用職員の幹部職員への登用の推進に関する指針」－人事院。〔二〕
http://www.jinji.go.jp/kisoku/tsuuchi/08_ninmen/0805000_H11ninki73.htm
ぬやま・ひろし（一九四六）『詩集　編笠』日本民主主義文化連盟。〔一〕〔五〕〈表紙・奥付の氏名表記は「ひろし・ぬやま」〉
――（一九六三）『ぬやま・ひろし選集1』グラフわかもの社。〔一〕〔五〕
「農政うらばなし〈座談会〉プラス・アルファの河野農政―実力者農相の登場で農林省は大ゆれ―」（一九六一）『地上』一九六一年九月号。〔四〕
野口悠紀雄（二〇一三）『「超」説得法　一撃で仕留めよ』講談社。〔三〕〔七〕
野村克也（二〇〇九）『あぁ、監督――名将、奇将、珍将』角川ＯＮＥテーマ21。〔七〕
「白書等データベースシステム」－人事院。〔二〕
http:ssl.jinji.go.jp/hakusyo/
服部龍二（二〇一四）『大平正芳　理念と外交』岩波現代全書。〔六〕
浜田幸一（一九九五）『新版　日本をダメにした九人の政治家』講談社+α文庫。〔五〕
早坂茂三（一九八七）『オヤジとわたし。』集英社。〔三〕

日向方齊（一九八七）『日向方齊　私の履歴書』日本経済新聞社。［二］
深津真澄（二〇一〇）「日本デモクラシーの伝統を評価せよ(7)」『プランB』第30号、ロゴス。［五］
福永文夫（二〇〇八）『大平正芳　「戦後保守」とは何か』中公新書。［六］［七］
藤井信幸（二〇一二）『池田勇人――所得倍増でいくんだ――』ミネルヴァ書房。［二］
ホイジンガ、ヨハン、高橋英夫訳（一九七三）『ホモ・ルーデンス』中公文庫。［四］
堀内光雄（二〇〇六）『自民党は殺された！』ＷＡＣ。［三］
ホワイティング、ロバート、鈴木武樹訳（一九七七）『菊とバット　プロ野球にみるニッポンスタイル』サイマル出版会。［四］
本田宗一郎（二〇〇一）『本田宗一郎 夢を力に　私の履歴書』日経ビジネス人文庫。［三］
牧原出（二〇一三）『権力移行　何が政治を安定させるのか』ＮＨＫブックス。［二］
松浦正孝（二〇一〇）『「大東亜戦争」はなぜ起きたのか　汎アジア主義の政治経済史』名古屋大学出版会。［三］
真渕勝（二〇〇九）『行政学』有斐閣。［二］
――（二〇一〇）『官僚』東大出版会。［プ］［七］
御厨貴・中村隆英編（二〇〇五）『聞き書 宮澤喜一回顧録』岩波書店。［七］
水木楊（二〇〇一）『田中角栄　その巨善と巨悪』文春文庫。［六］［七］
宮澤宏幸（一九九八）「法律の題名」『立法と調査』第二〇五号。［四］
宮本政於（一九九三）『お役所の掟　ぶっとび「霞が関」事情』講談社。［一］
村岡到（二〇一三）『友愛社会をめざす――〈活憲左派〉の展望』ロゴス。［五］

――（二〇一四）『貧者の一答―どうしたら政治は良くなるか』ロゴス。［五］
村松岐夫（一九九九）『行政学教科書　現代行政の政治分析』有斐閣。［二］
森岡孝二（二〇一一）「労働時間の二重構造と二極分化」『大原社会問題研究所雑誌』第六二七号。［四］
――（二〇一三）『過労死は何を告発しているか―現代日本の企業と労働』岩波現代文庫。［四］
森谷要（二〇〇八）「今まで語らなかった一公務員の秘話」『稲穂』（在京飯田高校同窓会誌）第五号。［二］
森喜朗（二〇一三）『私の履歴書　森喜朗回顧録』日本経済新聞出版社。［四］
柳澤健（二〇一四）『1964年のジャイアント馬場』双葉社。［五］
山口二郎（一九九三）『政治改革』岩波新書。［五］
横手慎二（二〇一四）『スターリン　「非道の独裁者」の実像』中公新書。［五］
与謝野馨（二〇一二）『全身がん政治家』文藝春秋。［五］
吉田茂（一九六五）「大磯の松籟」『中央公論』一九六五年一二月号。［五］
吉見俊哉（二〇一一）『万博と戦後日本』講談社学術文庫。［六］
レーニン、ウラジーミル・イリイチ、角田安正訳（二〇一一）『国家と革命』講談社学術文庫。［五］
渡邉恒雄（二〇〇五）『わが人生記　青春・政治・野球・大病』中公新書ラクレ。［一］
――（二〇〇七）『君命も受けざる所あり　私の履歴書』日本経済新聞出版社。［五］
和田春樹（一九九六）『歴史としての野坂参三』平凡社。［五］

人名索引（『官僚たちの夏』に登場する架空の人名は立項していない）

事項索引（『　』は（映画）などの断りがない限り書名である）

西川伸一（にしかわ・しんいち）
nisikawa1116@gmail.com
http://nishikawashin-ichi.net

○略歴

1961年　新潟県生まれ
1984年　明治大学政治経済学部政治学科卒業
1990年　明治大学大学院政治経済学研究科政治学専攻博士後期課程退学
同年　明治大学政治経済学部専任助手
1993年　同専任講師
2000年　同助教授
2005年　同教授
2011年　博士（政治学）取得

○最近の著書・訳書

2010年　『オーウェル『動物農場』の政治学』ロゴス
同年　『裁判官幹部人事の研究』五月書房
2012年　『最高裁裁判官国民審査の実証的研究』五月書房
2013年　（翻訳）デイヴィッド・S・ロー『日本の最高裁を解剖する』現代人文社
同年　『これでわかった！　内閣法制局』五月書房

城山三郎『官僚たちの夏』の政治学
—官僚制と政治のしくみ—

2015年3月23日　初版第1刷発行
著　者　西川伸一
発行人　入村康治
装　幀　入村　環
発行所　ロゴス
〒113-0033　東京都文京区本郷2-6-11
TEL.03-5840-8525　FAX.03-5840-8544
http://www18.ocn.ne.jp/~logosnet/
www.logos-ui.org
印刷／製本　株式会社 Sun Fuerza

定価はカバーに表示してあります。ISBN978-4-904350-35-5　C0031